Indholdsfortegnelse

Forord

Den viden som ligger til grund for denne bog har jeg har fået gennem 24 år som ambulancebehandler i Københavns Brandvæsen og som rusmiddelbehandler i mere end 14 år både på private og offentlige behandlingsinstitutioner.

Denne bog er blevet til på baggrund af mine samtaler og erfaringer i behandlingen af brugere af rusmidler og deres pårørende. Jeg har erfaret at viden om rusmidler er præget af fordomme og rygter og sjældent ud fra fakta.

Bogen er skrevet ud fra betragtningen, at man ikke behøver at være faguddannet for at kunne tale om stoffer. Bogen er skrevet i et hverdagssprog med forklaringer på de få fremmedord, som det har været nødvendigt at bruge.

Jeg er af den overbevisning, at det er vigtigt, at man kender til de faktiske forhold, når det gælder fristelsen til at tage stoffer.

Med denne bog ønsker jeg at videreformidle fakta om de stoffer, der er i de unges verden.

Formålet med denne bog er at oplyse både om stoffernes oprindelse, deres sammensætning, deres virkning og ikke mindst deres konsekvenser.

Bogen er skrevet således, at man enten kan læse den fra start til slut som en almindelig bog eller vælge bruge den som et opslagsværk. Der vil derfor i nogle afsnit være ting der gentages, da de er vigtige for forståelsen af stoffet.

Jeg har brugt information fra egne undersøgelser og erfaringer, internettet og rapporter fra retsmedicinsk institut, **det europæiske overvågningscenter for narkotika og narkotikamisbrug samt National Institute on Drug Abuse i USA.**

Det er mit håb, at bogen kan skabe grundlag for gode og saglige diskussioner både i hjemmet, på arbejdspladsen og ikke mindst på skoler og uddannelsesinstitutioner

De 4 grupper.

Man kan dele folk, der indtager et rusmiddel, op i 4 grupper, der er forbrugere, storforbrugere, misbrugere og afhængige.

En forbruger er en person, der nyder et rusmiddel f.eks. alkohol en gang i mellem, til særlige lejligheder uden at have nogen form for problemer med dette.

En storforbruger er en person, der som navnet siger, har et stort forbrug af rusmidlet f. eks mange flasker øl pr. dag, men forbruget giver ikke umiddelbart anledning til problemer for vedkommende.

En misbruger er en person, der for en periode, anvender et rusmiddel til f.eks. at flygte fra følelser, at drukne sin sorg, at forsøge at flygte fra dagligdagens problemer eller feste igennem, på alkohol eller stoffer. Hvis en misbruger oplever for mange negative konsekvenser kan personen, med den rette hjælp, godt holde op med at misbruge og vende tilbage til et kontrolleret forhold til rusmidler.

En afhængig er en person, der hvis vedkommende ikke tager rusmidlet, får store problemer både fysisk, i form af abstinenser, men også psykisk f.eks. depression, angst eller store humørsvingninger. Vedkommende har simpelt hen brug for rusmidlet for at kunne fungere og holde hverdagen ud.

Jeg vil uddybe de sidste 2 former for brugere, nemlig misbrugeren og den afhængige, da det ofte er her, der er de helt store misforståelser.

Eksempel på misbrug:

En 40-årig mand bliver skilt og han mister kontakten til sine børn, han finder trøst ved at gå på den lokale pub og der drikker han sig fuld for at kunne holde sin tilværelse ud, men efter måske 3 måneder begynder omgangskredsen at tale med ham om hans drikkeri og han får hjælp af dem til at komme videre i sit liv og drikkeriet stopper. Denne mand har haft et misbrug men kommer ud af det ved venners/familiens hjælp og han har ikke haft brug for professionel hjælp.

Eksempel på afhængighed:

En murer kører hver dag forbi pubben og får 3 øl før han kører hjem til familien, det har han måske gjort de sidste mange år og det virker umiddelbart ikke som et problem, han kommer hjem og er far/ægtemand og nyder familiens selskab på en rolig og afbalanceret måde, men hvad sker der den dag han IKKE får sine 3 daglige øl på den lokale, så er hans rutine brudt og han bliver irritabel, maden smager ikke godt, børnene larmer osv., han er afhængig af sin rutine og de 3 øl.

Dette er naturligvis fortegnede eksempler, men de illustrerer ganske godt forskellen mellem at være misbruger og afhængig.

Når afhængigheden først er indtruffet går det kun en vej, hvis man ikke søger hjælp og det er nedad.

Det er vigtigt at huske, at det ikke er mængden af alkohol eller stoffer der er afgørende for om man er afhængig, men hvad det ødelægger for personen når man ikke kan lade være med at indtage alkohol eller stoffer. Man fortsætter med at drikke/tage stoffer på trods af de negative konsekvenser.

Det er vigtigt at skelne mellem et misbrug og afhængighed, fordi de ikke nødvendigvis kræver den samme behandling.

Et menneske, der krydser grænsen mellem misbrug og kemisk afhængighed, vil ikke kunne vende tilbage til at have et "normalt" forhold til alkohol/stoffer. At stoppe med brug af rusmidlet er, for en afhængig, som at miste en arm, et ben eller en rigtig kær ven.

Når det "normale" forhold til alkohol/stoffer først er væk, må man lære at leve med det - som kemisk afhængig må man anerkende og lære at leve med, at man ikke har kontrol over sit brug af alkohol/stoffer. Det hjælper ikke at holde pauser og så tro at man har styr på det igen.

Det er vigtigt at huske, at mange mennesker bruger alkohol/stoffer for at flygte fra følelser, psykisk sygdom, angst eller problemer (selvmedicinering), de bruger alkohol/stoffer for at kunne holde livet ud. En misbruger kan ofte komme ovenpå igen ved hjælp af egen viljestyrke og familie eller venners hjælp. Folk, der lider af afhængighed, har behov for professionel behandling.

Hvad er afhængighed set med de lægelige briller?

For at kunne definere en person som afhængig skal vi kigge på afhængighedssyndromet og den definition som er beskrevet i ICD -10 (The International Classification of Diseases - Den International sygdoms klassifikation).

Afhængighedssyndromet

Kemisk afhængighed er karakteriseret ved kontinuerlig eller periodisk oplevelse af mindst 3 af de nedenstående symptomer:

- *Trang (craving) fysisk eller psykisk oplevet trang til alkohol/stoffer.*
- *Kontroltab, svækket evne til at styre indtagelsen, standse eller nedsætte brugen*
- *Abstinenssymptomer eller indtagelse af alkohol for at ophæve eller undgå disse (uro, rastløshed, hjertebanken, sveden m.m.)*
- *Toleranceudvikling (stigende forbrug over en længere periode)*
- *Dominerende rolle med hensyn til prioritering og tidsforbrug*
- *Vedblivende brug trods erkendt skadevirkning*

Hvordan starter et misbrug?

Et misbrug starter (Se figur 1.) når en person, er risikovillige nok til at afprøve et rusmiddel. Her er det naturligt at tænke på de ganske unge mennesker, da vi som unge ikke kan eller ikke bruger tid på at gennemtænke konsekvensen af vores handling og rusmidlet er let tilgængeligt, det er ikke svært at få fat i hverken alkohol eller stoffer.

Hvis disse forhold er til stede, vil der foregå et eksperimenterende forbrug, den unge kender ikke sine egne grænser og det vil derfor altid være eksperimenterende, indtil de har fundet ud af grænserne og som en naturlig følge, vil de også have krydset grænsen til f.eks. beruselse. Afhængigt af social arv eller miljø kan dette føre til et misbrug af rusmidlet.

Hvor skellet præcist er imellem, om man ophører med misbruget eller bliver afhængig er desværre ikke klarlagt, men man ved, at hvis rusmidlet giver brugeren en positiv oplevelse, så er muligheden for afhængighed meget stor.

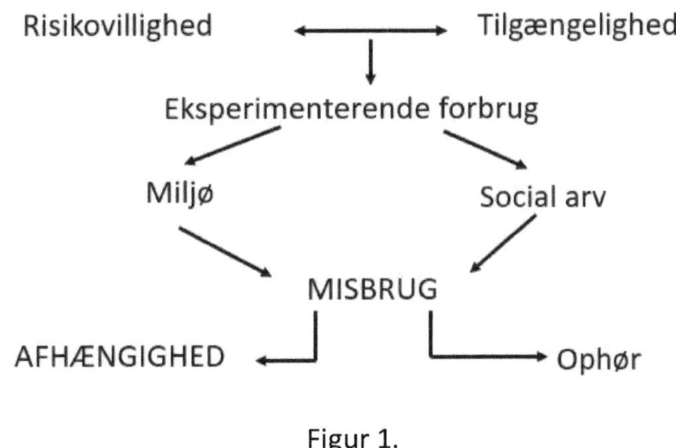

Figur 1.

Definition af afhængighed.

Ved kemisk afhængighed er det kemien i hjernen, der henvises til, ikke kemien i det stof man indtager.

Det er vigtigt for forståelsen af afhængighed, at vide hvad der får mennesker til at fortsætte med at indtage et stof selv om vedkommende har erkendt at stoffet er farligt og skadeligt.

Afhængighed er et fænomen, der rammer i alle samfundslag.

Afhængighed er snigende og magtfuldt og før man ved af det, har man både mistet sig selv og dem man holder af.

Hvordan kan det være, at nogle mennesker udvikler afhængighed og andre ikke gør? Det er der blevet forsket meget i gennem de sidste 50 år. Man er endnu ikke helt klar over det men der er bred enighed i forsker kredse om, at afhængige har følgende fællestræk:

1. Der udvikles en psykisk besættelse af stoffet og en tvangsmæssig trang til at tage det.

2. Sygdommen er forudsigelig og bliver kun værre (progressiv)

3. Sygdommen er primær (den skyldes ikke mentale, følelsesmæssige eller sociale problemer)

4. Sygdommen er kronisk (har man den, så har man den for resten af livet)

5. Sygdommen er dødelig (hvis den ikke standses)

Man kan sige at sygdommen har sit eget liv, bestående af en cyklus, der ifølge tilbagefaldseksperten dr. Terence Gorski ser sådan ud:

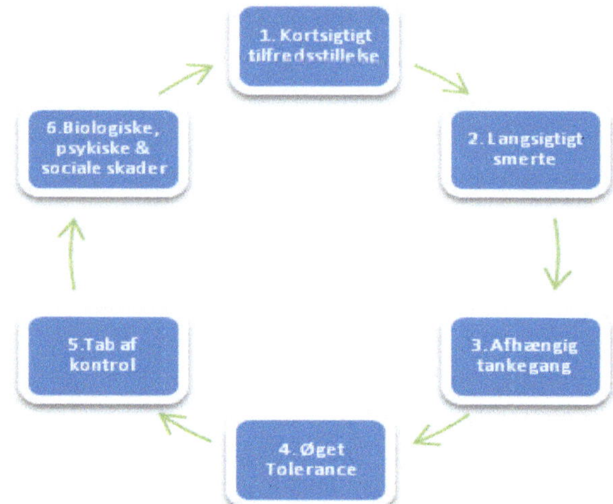

1. Kortsigtet tilfredsstillelse
2. Langsigtet smerte
3. Afhængig tankegang
4. Øget tolerance
5. Tab af kontrol
6. Biologiske, psykiske og sociale skader.

Misbrug/afhængighed er en sygdom.

Hvorfor kalder jeg misbrug/afhængighed for en sygdom? Af den simple grund at det, ligesom ved forskellige hjernesygdomme, handler om kemien i hjernen, der ikke er som den burde være. Så hvis en person med skizofreni / depression betragtes som syg, så bør man også anerkende, at en person der indtager stoffer/alkohol i en sådan grad, at det påvirker hjernen og ikke selv er i stand til at stoppe sit forbrug, også er syg.

For ikke-afhængige mennesker er der tale om et frit valg, når det gælder om at drikke eller tage stoffer, som f.eks. alkohol, hash eller kokain, sådan er det ikke for mennesker, der lider af afhængighed.

For afhængige mennesker opstår der en uimodståelig indre trang til at drikke/tage stoffer. Man kan sige at en afhængig tager stoffer / alkohol mod sin vilje.

Når man først har krydset grænsen fra ikke-afhængig til afhængig, er det ikke længere personen selv, der styrer hvor og hvornår der skal drikkes eller tages stoffer.

Et japansk ordsprog siger: *"Først tager manden en drink, så tager drinken en drink og til sidst tager drinken manden"*, man kan oversætte det lidt i denne retning; man går fra at være forbruger til misbruger og ender som afhængig.

Har man først udviklet afhængighed af et stof, kan man ikke komme af med afhængigheden igen, den bliver en medpassager resten af livet. Det betyder ikke, at man ikke kan lære at styre sin afhængighed, men det betyder at man resten af livet skal tænke over hvad man indtager, da afhængigheden altid vil lure lige under overfladen.

Når man taler om afhængighed, er det vigtigt at vide lidt om de processer, der foregår i hjernen.

Modning af hjernen starter i babystadiet og fortsætter til midt i 20-årsalderen og modningen sker bagfra med lillehjernen og slutter med frontallapperne (der bl.a. styrer *angst, nervøsitet og usikkerhed*). For urmennesket var det jo meget praktisk, da det dengang gjaldt om at være modig og turde gøre nogle farlige ting, f.eks. jage en mammut (meget stor elefant), løver osv. kun bevæbnet med spyd.

Der er forskel på kvinder og mænds udvikling og videnskaben siger, at for kvinder er hjernen fuldt udviklet ved ca. 20-årsalderen og for mænd først ved ca. 25-årsalderen.

Reptilhjernen, nogen gange også omtalt som krybdyrhjernen (se figur 2), det lyseblå og gule område) er det sted i hjernen, der indeholder de primitive funktioner som, instinkt, overlevelse, aggressioner og at undgå smerte. Disse primitive funktioner har til formål at sørge for livets opretholdelse og artens fortsatte bestående. Reptilhjernen er også center for reaktionsmønstre som kamp, flugt eller frys (stivne).

Amygdala fungerer som vores følelsesmæssige hukommelsesbank, hvor tidligere fare- eller frygtbegivenheder lagres og reageres på såfremt lignende situationer opstår.

Hippocampus er en del af hjernens limbiske system og spiller en rolle i vores orienteringsevne og hukommelse. Uden hukommelsen er vi ude af stand til at reflektere og tage beslutninger, eller indgå i sociale relationer. Uden at kunne sætte hændelser i sammenhæng, er det vanskeligt at give hændelserne mening.

Lad os stanse op ved hukommelsen og se hvorfor det er så vigtigt at have den og at holde den i god form.

Hippocampus og det limbiske system er uundværlig for den menneskelige psyke, derfor er det vigtigt at vide hvilke processer, man sætter i gang med et misbrug.

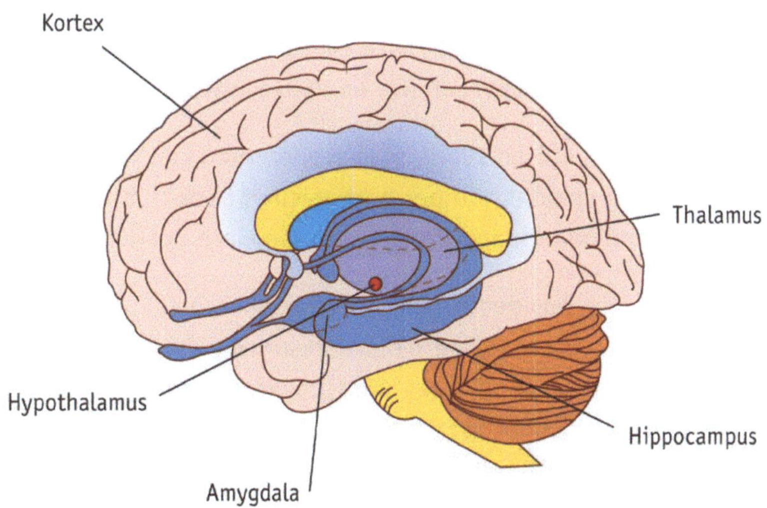

Figur 2.

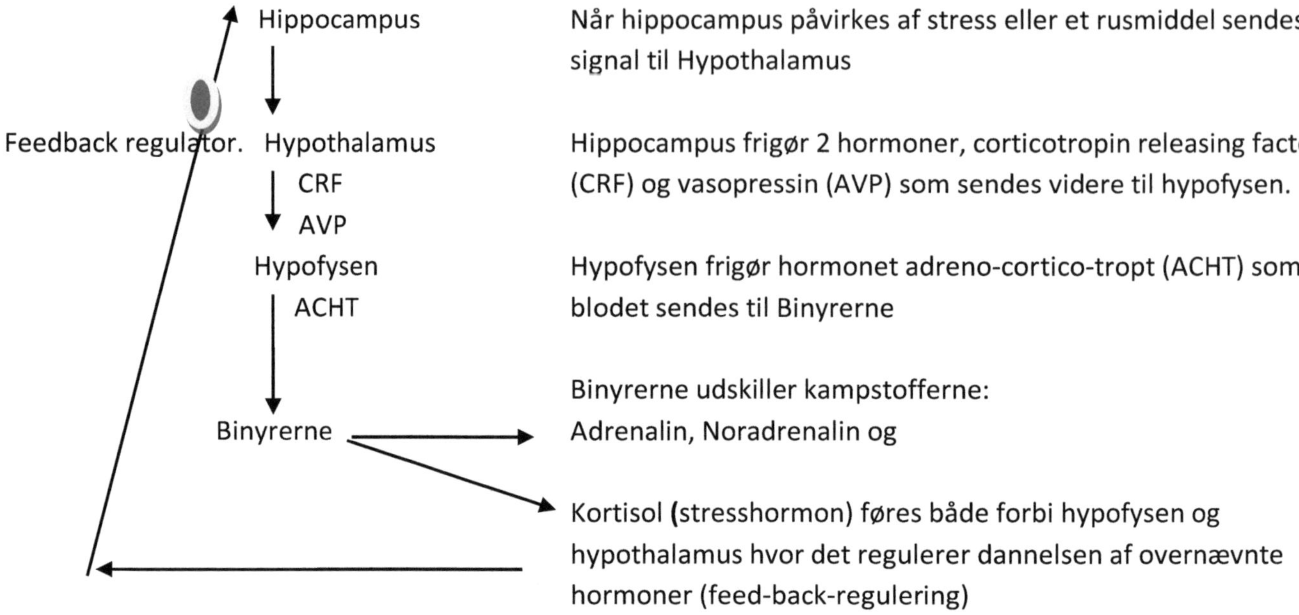

Når hippocampus påvirkes af stress eller et rusmiddel sendes signal til Hypothalamus

Hippocampus frigør 2 hormoner, corticotropin releasing factor (CRF) og vasopressin (AVP) som sendes videre til hypofysen.

Hypofysen frigør hormonet adreno-cortico-tropt (ACHT) som v blodet sendes til Binyrerne

Binyrerne udskiller kampstofferne:
Adrenalin, Noradrenalin og

Kortisol (stresshormon) føres både forbi hypofysen og hypothalamus hvor det regulerer dannelsen af overnævnte hormoner (feed-back-regulering)

En feedback regulator regulerer behovet for og derved mængden af adrenalin, noradrenalin samt kortisol som kroppen har brug for, men stress eller rusmiddelindtagelse sætter feedback regulatoren ud af drift, hvilket giver en ukontrolleret produktion af kampstoffer og stesshormoner.

Adrenalin (Kamphormon).
Adrenalin udskilles fra binyrerne og sendes ud i blodbanerne, hvor det hjælper det sympatiske nervesystem med at gøre kroppen "kampklar", når vores hjerne registrerer og opfatter en situation som en trussel eller en udfordring. Det kan både være en fysisk aktivitet som en badmintonkamp eller psykiske aktiviteter som f.eks. et frygtet møde med en sagsbehandler eller advokat.

Når kroppen skal bruge ekstra kræfter til fysiske eller psykiske belastninger og udfordringer, så udskilles adrenalinen automatisk, så vi kan yde en ekstra indsats.

Vi kender alle fornemmelsen, pulsen stiger, man sveder, man kan få gåsehud, man trækker vejret hurtigere, blodtrykket stiger, blodet pumpes hurtigt rundt både til musklerne og op til hjernen. Det er adrenalinen, der er aktivt. Man føler, at man kan klare det alt!

Under frigivelsen af adrenalin udvides pupillerne, blodsukkerniveauet øges og blære og tarm afslappes. Alt dette sker for at gøre os mere opmærksom og klar til at møde udfordringen. Adrenalin forstærker også følelser som f.eks. vrede, aggressivitet og irritation. Når adrenalinen er i blodbanerne, frigiver leveren sukker og fedt til musklerne, så de er klar til at yde en ekstra indsats og hjælpe med at klare den fysiske udfordring.

Hvis det frigjorte adrenalin, sukker og fedt ikke brændes af, ophobes det i blodet. Man får svært ved at slappe af, fedtet aflejres i blodårerne og kan give åreforkalkninger og blodpropper.

Kroppen er kun indrettet til at kunne klare kortvarige adrenalin-kick – ikke hverken konstant eller alt for ofte, da dette vil betyde at kroppen hele tiden er i "beredskab"!

Udsætter man vedvarende sin krop for adrenalin-kick, risikerer man at få hjerte/ kredsløbs-forstyrrelser, nyreskader, forhøjet blodtryk, diabetes 2, øget stofskifte, problemer med fordøjelsen, vægttab, fedme, manglende iltoptagelse i blodet, dårligt immunforsvar m.m.

Noradrenalin (Stresshormon)

Noradrenalin er et hormon, som produceres i stressfyldte situationer og når kroppen har brug for energi, for eksempel ved lavt blodsukker. Noradrenalin findes også i hjernen og nerver, hvor nerverne bruger det til at kommunikere med hinanden, en såkaldt *neurotransmitter*.

En af noradrenalins vigtigste funktioner er, at forsyne kroppen med energi i form af sukker, samt opretholde et stabilt blodtryk.

Noradrenalin udskilles ofte sammen med adrenalin og de to hormoner har næsten samme virkninger i kroppen. Sammen med binyrebarkhormon kaldes de tre hormoner samlet for stress hormoner.

Kortisol (Stresshormon)

Kortisol er "skurken" ved stress, fordi det er det hormon, der på lang sigt skader os mest. Kortisol udskilles i kroppen som en reaktion på en udefinerbar trussel. Man kan f.eks. føle at man bliver forfulgt, men man kan ikke finde nogen forfølgere, eller man kan føle at man ikke ved hvad der forventes af en i en given situation og derfor ikke kan handle på det.

Det kan være, at man ikke er helt sikker på hvad ens arbejdsopgaver er, ikke føler at man slår til som mor, far, kæreste eller at man lever et liv, som man ikke ønsker og derfor er utilfreds med. Man kan sige at man oplever, at man ikke har nogen handlemuligheder og derfor bliver handlingslammet.
Kortisol udskilles altså på noget diffust og ukontrollerbart.

Kortisol dannes i binyrerne og er uskadeligt i små mængder og i en kort periode hjælper kortisol, kroppen fordi det bl.a. hjælper til hurtig sårheling efter en operation og til bedring af immunforsvaret. Kortisol produceres i store mængder ved vrede, frygt, stress og for lidt søvn. Når kroppen producerer for meget kortisol føler man sig udmattet, men man kan ikke slappe af.

Når man vågner om natten, ved ca. kl. 03-04 hvor kroppens naturlige kortisolproduktionen er på sit højeste, har man svært ved at falde i søvn igen.

Når kroppen begynder at udskille kortisol, svækkes adrenalinproduktionen, og i stedet for at få flere kræfter til kamp og flugt, så sker der nu det modsatte. Man bliver træt, ligeglad og passiv. Man orker ikke løse opgaver og problemer. Man mister langsomt sin energi og kraft.

Kortisol er et meget skadeligt hormon, hvis det er i kroppen i lang tid, bl.a. fordi det så nedbryder vores immunsystem, så vi nemmere tager imod infektioner.

Ved langvarig påvirkning nedbryder kortisol vores hjerneceller og påvirker hippocampus, der kan skrumpe og blive så skadet, at det går ud over indlæringen, hukommelsen, koncentrationen og ikke mindst kan det forandre en person følelsesmæssigt.

Kortisol har indflydelse på vores sukker-, fedt- og proteinomsætning, der igen har indflydelse på vores søvnmængde, forbrænding, blodsukker og kalk-optagelse.

For meget kortisol i længere perioder kan skade nattesøvnen, det kan give tyndere hud, dårligere sårheling, afkalkning af knogler, fedme, tidlig ældning (man kommer til at se gammel ud i en ung alder), nedsat immunforsvar, hæmme de hvide blodlegemer i at angribe kræftceller, nedsætte frugtbarheden, give akne m.m.

Som tidligere beskrevet er der en betydelig forskel på om man er misbruger eller afhængig, men man skal ikke glemme at der er en meget kort vej fra misbrug til afhængighed og at man sagtens kan være både misbruger og afhængig.

**Adrenalin og Kortisol må ikke undervurderes
Det kan gøre stor skade på din krop.**

Hash - Cannabis

Fra planten Cannabis Sativa

Cannabis er en fællesbetegnelse for:

Hash
Hash olie (Nol)
Marihuana (Pot)
Skunk

Hash er det mest udbredte narkotika i Danmark og det stof som flest unge først kommer i kontakt med, man ved at ca. 12 - 15 % af dem, der prøver at ryge hash, bliver afhængige af stoffet. Mange unge stifter bekendtskab med hash i vennekredsen eller i nattelivet, men også som selvmedicinering eksempelvis pga. ADHD eller for at kunne håndtere følelsesmæssige problemer. Hash indtages oftest ved rygning men kan også indtages oralt (Spises) og i sjældne tilfælde injiceres (indsprøjtes) Hash olie (Nol). Det kan i dag også indtages i væske til e-cigaretter.

De kemiske egenskaber ved hash:
De psykoaktive stoffer i hamp plantens harpiks er Tetra–Hydro-Cannabinol (THC) og Cannabidiol (CBD). Hvor THC er den euforiserende del kan man sige, at CBD er den stabiliserende og medicinske del af harpiksen, den ser ud til at virke antipsykotisk. CBD har den egenskab, at den dræner kroppen for energi. Lidt forenklet kan man sige, at CBD stabilisere hash og forhindrer psykoser og dårlige trips.

Den hash som politiet konfiskerer bliver testet på retsmedicinsk institut. Tidligere i stoffets historie, indtil ca. år 2000 så man en nogenlunde ligelig fordeling mellem de to stoffer, THC ca.8 % og CBD ca.6 %. I 2011 konstaterede man, at der i den konfiskerede hash, var sket en stigning i THC-værdi på op til 12 % og i 2017 er koncentrationen steget til 25,3 %, tilsvarende har CBD værdierne ikke ændret sig nævneværdigt i samme periode

Det høje THC-niveau skyldes blandt andet, at man er begyndt at producere hash af Sinsemilla, som betyder "uden frø" og er den internationale betegnelse for den intensivt indendørs dyrkede cannabis, der i daglig tale kaldes skunk

Der er altså tale om, at hash i dag er et meget potent (stærkt) stof. Stigningen af TCH i hashen antages, at fortsætte også i fremtiden.

Hvorfor er det vigtigt at vide?
Den høje koncentration af THC i hash betyder at risikoen for, at brugere får skader som hukommelsesbesvær, svækket indlæringsevne og midlertidige psykotiske symptomer, er højere end tidligere. Man har i de sidste ca. 8 – 10 år, oplevet en stigning i psykoser og psykiatriske indlæggelser som både forskere og psykiatere mener skyldes netop dette blandingsforhold.
En vigtig kemisk egenskab ved THC er dets høje fedtopløselighed og som konsekvens heraf er at det optages og deponeres i kroppens fedtvæv samt organer som; hjerte, lunger, milt, brystkirtler og moderkage, og selv om hjernen har et stort indhold af fedt så er det kun små mængder der ophobes der. Ca. 1 % af den indtagne THC ender i hjernen.

Hippocampus

Hvilken rolle spiller hippocampus i forbindelse med rygning af hash?

Hippocampus spiller bla. en central rolle for hukommelsen. Når dette område i hjernen udsættes for en THC-påvirkning svækkes korttidshukommelsen og dermed hjernens evne til at lagre information i langtidshukommelsen.

Hippocampus har betydning for vores hukommelse, koordinering, orientering og humør Når man ryger hash dagligt gennem en periode bliver humøret dårligere, man får dårligere hukommelse, specielt korttidshukommelsen bliver dårlig, reaktionsevnen bliver nedsat F.eks. ved bilkørsel og man får sværere ved at orientere sig.

Rotteforsøg har vist, at når hjernen påvirkes ved hashrygning dannes der ikke nær så mange nerveceller dvs. Hippocampus skrumper.
Hippocampus kan gendannes ved ophør, hvorefter symptomerne forsvinder.

Ved rygning af hash:

Ved rygning af 1 g hash indeholdende 5 % THC er der 50 mg til rådighed, ved rygning optages kun halvdelen, altså 25 mg i blodet resten ødelægges ved pyrolyse (forbrænding, udåndes eller bliver tilbage i jointen / piben).

Når hjernen har optaget ca. 1 % svarende til 0,25 mg vil en person være maksimalt ruspåvirket. Hash der indtages ved rygning passerer hurtigt via lungerne og over i blodet og i løbet af få minutter stiger blodets koncentration af THC.

Sådan forholder det sig ikke, når hashen spises. Der er en forgiftning meget nærliggende, da det er umuligt at kontrollere hvor meget THC man indtager og man kan i stedet for en rus opleve en hallucinogen virkning i stedet.

Mange mener, at hash er mindre farligt end alkohol, men dette kan diskuteres, i alkohol er der 1 giftstof (Ethylalkohol) mens der i Cannabis er 420 kemiske stoffer hvoraf de 80 beviseligt påvirker hjernen og dermed psyken.

Hashrusen:

Rusen kan inddeles i 3 faser, 1. Den akutte rus, 2. Den kroniske rus, og 3. Den neurologiske rus.

1. Fase. Den akutte rus

Den akutte rus indtræder ca. 1 - 10 min efter indtagelse og varer typisk mellem 15 – 45 min.

De fysiske symptomer beskrives som:

Hjertebanken, tørhed i mund og svælg, svimmelhed, følelses påvirkninger i arme/ben (f.eks. myrekryb), rysten, overfølsomhed for lys, røde øjne og blussende kinder

De psykiske symptomer beskrives som:

Let indre uro – rastløshed – let til fnisen/grineflip – overvældende snaksaglighed – en følelse af at være mentalt aktiv og udadvendt. Den akutte rus påvirker det 3 dimensionale syn og brugeren har svært ved at fokusere og stille skarpt.

Ved jævnligt brug er den akutte rus der hvor brugeren føler sig normal.

Efter ca. 4 timer indtræder en passiv tilstand. Styrken af denne tilstand afhænger af hvor meget og hvor ofte der ryges. Man føler sig ofte sløv og uengageret i et par dage efter rygning, men man forbinder det sjældent med hashrygningen. Denne tilstand er ofte grunden til fortsat rygning, da man ønsker at komme tilbage til en "normal" tilstand.

2. Fase. Den kroniske rus

Varer ca. 3 – 4 timer og karakteriseres af psykologiske oplevelser så som Lykke, velbehag, afslappelse, opstemthed. Omverdenens betydning formindskes og man fordyber sig i egne indre oplevelser. Tanker præges af tidligere oplevelser og gennemleves med stor følelsestyngde og det er ofte svært at sætte ord på disse følelser. Der ses en udpræget tankeflugt og der skiftes mellem indre og ydre faktiske oplevelser og man oplever en ændret tidsfornemmelse.

Man er meget let påvirkelig under fase 2 rusen afhænger af:

1. Hashens farmakologiske virkning.
2. Personligheden hos brugeren (følsomhed, påvirkelighed og fantasirigdom)
3. Det psykologiske beredskab hos brugeren
4. Omgivelserne hvori stoffet indtages

Den kroniske tilstand varierer meget, alt efter hvor meget og hvor ofte der ryges.

Det er svært at fastslå hvornår den kroniske tilstand indtræder, men typisk vil det være efter et par års regelmæssigt indtagelse af hash (oftere end hver 6 uge), tilstanden afhænger af brugerens personlighed, udviklingstrin.

Ved hashrygning mere end én gang hver 6. uge vil mængden af THC i fedtvævet og dermed også i hjernen gradvist stige og derfor medfører en kroniske påvirkning

Ved hashrygning indtages THC. THC-halveringstid er 5 – 7 dage og for regnestykkets skyld sætter dosis til 100 %.

Efter 1 uge vil der være udskilt 50 % THC, efter 2 uger vil der være udskilt yderligere 25 % og efter uge 3 vil der være udskilt yderligere 12,5 % og først efter 6 – 10 uger vil alt THC være ude af kroppen (fedtvævet)

Den kroniske påvirkning karakteriseres ved:

1. Man bliver sløv og passiv.
2. Gennemgående sløv og passiv tilstand giver den akutte rus ny funktion.
3. Kronisk påvirkning øger behovet for hash indtagelse (akut rus = aktiv og kvik) man oplever, at hashen giver energi
4. Dårligere funktion i hverdagen.

Den nye "normaltilstand" er en snigende fare. Da forandringerne sker langsomt og det er sjældent, at brugeren selv opdager sin nye normaltilstand, man betragter den akutte rus som et energitilskud og søger derfor denne løsning.

3 Fase. Den Neurologiske rus

Den kommer efter et par års brug og giver sig udtryk i en konstant påvirkning med en sløvende effekt på psyken. Man har konstant en stor mængde THC oplagret i kroppens fedtdepoter.

Når man er nået til den neurologiske tilstand vil man have et funktionsniveau på ca.80 % af sit tidligere funktionsniveau og nu ryger man for at opnå sit tidligere funktionsniveau.
Det bliver nu forskellen fra det nuværende funktionsniveau og det tidligere funktionsniveau som man forbinder med en optur.

Man taler her om "Cannabis mønstret", her er brugeren fanget i en fælde som vedkommende ikke selv er i stand til at gennemskue, man sætter ikke spørgsmålstegn ved sin opfattelse af virkeligheden.

På grund af den dårligt fungerende tanke evne og brugerens manglende evne til at konkludere og lære af erfaringer, vokser der gradvist en ny identitet frem. Jo mere og jo oftere der ryges, jo mere reduceres de kognitive evner.

Den Psykiske virkning:

Hash er frem for alt et sløvende rusmiddel, der svækker personens evne til at gennemføre komplekse bevægelser, hash nedsætter reaktionsevnen og hæmmer indlæring og hukommelse.

Hvilke problemer oplever man når man ryger Hash:

Sproglig evne:

1. Det bliver svært at finde ord for det man vil beskrive og det bliver det svært for andre, at forstå hvad man mener
2. Man får sværere ved at forstå hvad andre mener, ordene mister det kvalitative indhold.
3. Det er som om man får en glasklokke ned over hovedet (man bliver afskærmet)
4. Man tænker konkret og kan ikke tænke abstrakt.

Evnen til at drage rigtigt konklusioner, evnen til refleksion:

1. Evnen til at reflektere forsvinder langsomt men sikkert.
2. Man ved at man begår fejl, men man kan ikke analysere sig frem til hvordan og hvorfor og man kan derfor ikke ændre sin tilgang til situationen.

Tankefleksibilitet:

1. Man får svært ved at rette opmærksomheden det rigtige sted hen og være koncentreret og fokuseret, det er svært at skelne nuancerne i de meddelelser man får.
2. Man bliver mere og mere ensidig
3. Man har færdigpakkede holdninger til alt, man kan ikke nuancere.
4. Man lytter ikke ret meget til hvad andre mener.
5. Det er svært at både at lytte og reflektere samtidigt.
6. Man er dårlig til at diskutere med andre på en frugtbar måde.
7. Man foretrækker monolog frem for dialog

Hukommelsen:

1. Man glemmer tit hvad samtalen handler om
2. Man taber tråden
3. Man glemmer tidspunkter og aftaler.
4. Man får svært ved at vurdere tid
5. Man kan ikke håndtere at tænke frem i tiden (timer – dage)
6. Man lever i nuet.

Evnen til helhedstænkning:

Man kan ikke danne sig et indtryk af noget fordi:

1. Man kan ikke sortere information på en korrekt måde
2. Man kan ikke udskille de relevante informationer fra de ikke relevante.
3. Forstå nuancer i informationen
4. Man kan ikke være konkret og komme med kvalitativt modspil i en samtale.

Situationsfornemmelse / orienteringssans:

1. Omgivelserne blegner og man er ikke interesseret i hvad der sker omkring en.
2. Man lever i sin egen verden, men man er ikke selv klar over at man gør det.
3. Man observerer at årstiderne skifter men heller ikke mere.
4. Man er ligeglad med relationer med andre mennesker.
5. Man planlægger ikke sin dag.
6. Man planlægger ikke fremtiden realistisk.

Det psykologiske aspekt af det ovenstående er, at man får en falsk oplevelse af frihed.

Abstinenser ved stop af brug:

Fysiske abstinenser

1. Hovedpine, der kan vare fra et par uger til et par måneder, hvor de første dage kan være meget heftige.
2. Nattesved, der kan være så kraftigt at man kan være nød til at skifte sengetøj, dette vare fra et par nætter til ca. en måned.
3. Svedige hænder, der kan medføre en ubehagelig lugt fra hænderne.
4. Man kan hoste slim op, dette er en af kroppens måder at rense sig for giftstoffer på, dette kan vare fra nogle få uger og op til ½ år.
5. Man kan opleve spiseforstyrrelser de første par dage og for nogle kan det vare op til 6 uger, hovedsymptomet er appetitløshed og kan føre til et mindre vægttab, fordøjelsesproblemer eller kramper efter måltider, kvalme nogle gange opkastning (dog kun i 1 -2 dage).
6. Man kan opleve sitren, rystelser og svimmelhed.

Psykiske abstinenser:

1. Man kan opleve søvnløshed, der kan variere fra få nætter med total mangel på søvn, til nogle få måneder med søvnløshed af og til.
2. Depression eller eufori.
3. Man kan opleve natlige mareridt og livagtige drømme (drug dreams) dette kan vare i en måneds tid hvorefter de aftager.
4. Vrede – raseri – irritabilitet.
5. Man kan opleve følelsesbetonede anfald, der skifter mellem depression, vrede og eufori, frygt og bekymring, tab af humoristisk sans, nedsat eller forøget sexlyst, disse følelser normaliseres i løbet af ca.3 måneder.
6. Tab af koncentrationsevne, dette kan vare fra 1 uge til 1 måned og dette kan i kortere tid påvirke indlæringsevnen.

Det er vigtigt at huske, at disse abstinenser kun gælder i forhold til ren hash og ikke når hashen er tilsat kokain eller opium, såfremt hashen er tilsat kokain eller opium kan der forekomme andre abstinenssymptomer. Disse abstinenssymptomer kan man læse mere om i de kapitler, der omhandler kokain og morfin.

Er jeg afhængig af Hash?

Her er nogle spørgsmål der kan give svaret:

1. Er det med at ryge hash holdt op med at være sjovt?

2. Ryger du sommetider alene?

3. Er det svært at forestille dig et liv uden hash?

4. Består din vennekreds af folk der ryger hash?

5. Ryger du hash for at undgå at tage stilling til dine problemer?

6. Ryger du hash for at kunne klare dine følelser?

7. Får din hashrygning dig til at leve i din egen afgrænsede verden?

8. Har du nogensinde været ude af stand til at holde dine aftaler om at skære ned eller kontrollere dit forbrug af hash?
9. Har dit hashforbrug givet dig problemer med hukommelsen, koncentrationen, eller din motivation?

10. Når din hash er ved at slippe op, bliver du så bekymret eller nervøs over, hvordan du skal skaffe dig noget mere?

11. Planlægger du dit liv ud fra din hashrygning?

12. Har dine venner eller din familie nogensinde beklaget sig over, at din hashrygning skader jeres indbyrdes forhold?

HUSK: Det er slemt at lyve over for andre MEN, det er fatalt at lyve over for sig selv

Syntetisk Cannabis

Syntetisk Cannabis sælges under mere end 500 forskellige navne som f.eks. Spice eller K2, MDMB, falsk pot, Legal weed, herbal incense og potpourri Mojo, Scooby Snax, Black Mamba og Annihilation.

Stoffet er også blevet tilrettet den nye store trend nemlig E-cigaret, eller damp inhalatorer. Stoffet er kendt i politi og lægekredse som "The zombie maker"

Stoffets oprindelse

Stoffet blev opfundet af kemikeren John Huffman på Clemson University og South Carolina i USA i starten af 1990'erne. Han arbejdede med en antiinflammatorisk medicin som involverede flere hundrede syntetiske typer af cannabis bla. Et stof der kaldes JWG-018 som er ekstremt højpotent. Stoffet han opfandt, er nu kendt under navnet Spice.

Stoffet blev, af de Amerikanske myndigheder erklæret forbudt for menneskelig indtagelse i 2006, men begyndte at dukke op på forskellige websider på internettet i 2008.

Stoffets historie.

Syntetiske cannabinoider dukkede første gang op på det illegale marked under navnet «Spice» i midten af år 2008. Det vurderes, at syntetisk hash (Spice) har været kendt siden 2006, men hvis man laver nogle forskellige søgninger på nettet, kan man finde produkter og information helt tilbage til 2004.

Syntetisk Cannabis (Spice) kan være op til 100 gange stærkere end almindelig hash og prisen på gaden er endda ofte lavere, hvilket i sig selv er en farlig kombination.

Undersøgelser viser at man efter bare få ganges indtag af syntetisk hash, kan udvikle kraftige psykoser og andre voldsomme bivirkninger som afhængighed, hjerneskader, hallucinationer osv.

Spice er blevet det mest udbredte internet stof og bliver handlet på nettet i både nationale og internationale webshops med postlevering. Stoffet er således meget let tilgængeligt.

Der er endnu ikke tal for hvor udbredt syntetisk hash er i Danmark, men da det er et kæmpe problem i Sverige må det også formodes at være udbredt i Danmark.

I visse lande sælges Spice som røgelse eller rosengødning med label påtrykt "not for human consumption. Syntetisk cannabis er på nettet mest kendt under navne som MDMB, Spice eller K2.

Stoffets Kemi

Spice, MDMB og K2 kan indeholde mange syntetiske cannabidoider som f.eks. JWH-018, JWH-073, JWH-200, AM-2201 UR-144, XLR-11, AKB4, cannabicyclohexanol og AB-CHMINACA, AB-PINACA eller AB-FUBINACA, selv receptpligtigt stof som Phenazapam, er fundet i nogle produkter.

Syntetiske cannabidoider passer til de samme receptorer som THC hægter sig fast på i hjernen, så de kan have samme effekt som THC. Stoffet har gennemgået mange små kemiske ændringer gennem tiden for at omgå diverse Landes love og det har gjort stoffet mere afhængigheds-skabende, men også mere ustabilt i forhold til de psykiatriske tilstande som stoffet er skyld i.

Hvad er "Spice"?

"Spice" er en urteblanding blandet op med en form for syntetisk hash.
"Spice" indtages oftest ved, at man ryger det, som var det hash.
Symptomer på overdosis er høj puls, opkast, forhøjet blodtryk og ondt i hjertet og kan føre til hjertestop.

Rusvirkningen

Man kan ikke tænke klart og man har svært ved at gå. Det er som at være katastrofalt beruset, men der fremkommer også en følelse af panik og rædsel.

Fysiske abstinenser ved ophør:

- Afgiftning af Spice tager ofte flere uger eller længere.

  Det kan være nødvendigt at opsøge lægelig hjælp ved kraftige abstinenser.

- Afgiftningen kan være voldsomt ubehagelig, besvær med at spise eller drikke, fokusere, træthed og søvnløshed.

- Der er eksempler på ekstrem dehydrering, voldsom hjertebanken, uregelmæssig hjerterytme, skælven og sitren, nyresvigt og dødsfald.

Psykiske abstinenser ved ophør:

Intens trang, opkast, ekstrem nervøsitet, ekstrem psykisk uro og ekstrem ophidselse samt psykotiske oplevelser som f.eks. hallucinationer.

Tilbagefald

- Tilbagefald fra Spice er ofte forekommende, nogle misbrugere fortæller, at selv om det er år siden at de er stoppet med brug af Spice oplever de stadig trang (Craving).

- Flere brugere fortæller, at stoppe et misbrug af Spice kan være lige så svært som at stoppe et heroin eller kokainmisbrug.

Advarsel

Selv om Spice bliver solgt som en erstatning for hash, så er det et meget farligt stof.
Det er stærkt vanedannende og der er registreret flere dødsfald ved indtagelse af stoffet.

John Huffner har sagt om stoffet:

People, who use it are idiots - på dansk - folk, der bruger stoffet er idioter

Kokain

Stoffet: (benzoylmethylconin)

Kokain (Coke, Cola, Sne, nip, det gode, opad, blow, det hvide, drys osv.) kært barn har mange navne.

Kokain er et narkotisk stof, der udvindes af Coca-plantens blade. Stoffet indtages typisk som hvidt pulver, men ses også som crack (en basisk form for kokain) og i hvide, grålige eller brunlige klumper eller flager

Kokainens historie

Kokain har været brugt som rusmiddel af indianerne i Sydamerika gennem årtusinder.
I landene Colombia, Bolivia og Peru, hvor coca busken er en naturlig del af vegetationen indgår tygning af coca blade i mange religiøse og sociale sammenhænge. Indianerne (Inkaerne) har tillagt planten religiøs betydning for dens guddommelige kraft.

I de lande, hvor coca tygning altid har været en del af kulturen, har befolkningen i dag, med FN-tilladelse lov til at dyrke og bruge coca blade, man kan f.eks. ved indenrigsflyvning i Peru opleve at få serveret coca te.

I den vestlige verden kan nævnes at da Coka Cola, der blev lanceret i 1886 – indtil 1903 indeholdt kokain i en sådan mængde at det virkede opkvikkende.

Kokain bruges desuden i medicinsk behandling, som lokalbedøvende og sult stillende middel.

Kemiske egenskaber (C17H21NO4)

Ved at opløse coca bladene i en blanding af petroleum, stærk syre og gødning dannes coca-pasta, i denne form sælges det til narkokartellerne i syd og mellem Amerika.

Her raffineres det til det 100 % rene krystallinske kokain hydroklorid. (ligner sukker eller køkkensalt).

Kokain hydroklorid kan ikke indtages ved rygning. Dette skyldes, at det spaltes til inaktive pyrolyse produkter ved den temperatur der findes i gløden af en pibe (600 grader c). Injicering (indsprøjtning i vene) eller snifning er derfor den foretrukne måde at indtage stoffet på.

Tendensen på rusmiddelområdet går konstant i retning af at gøre stofferne mere virkningsfulde (potente), dette opnås ved at ændre stoffets molekylestruktur, så det lettere optages i kroppen, hurtigere fordeles rundt i kroppen og uhindret passerer gennem blod-hjerne barrieren.

For kokain opnås dette ved, at bringe kokain hydroklorid til en alkalisk form, også kaldet »free-base« eller »crack«. Processen afsluttes med at bringe stoffet tilbage til krystallinsk form.

Det basiske kokain er dermed blevet mere fedtopløseligt og passerer nu hurtigere over blod-hjernebarrieren. Samtidig er temperaturen, som det forbrænder ved, blevet hævet så meget, at det nu kan ryges.

Hvor afhængighedsskabende er kokain

Brugen af stoffet giver afhængighed.

Det er netop det krav man stiller til et stof for at kalde det et rusmiddel og kokain er et af de 3 mest afhængighedsskabende stoffer man kender, de 2 andre er heroin og nikotin.

Mange tænker, kan man ikke blive afhængig af alle stoffer? svaret er: jo bestemt, men det er vigtigt at huske, at ikke alle rusmidler er lige afhængighedsskabende.
Nogle stoffer skal kun indtages få gange for at skabe afhængighed, mens andre kan indtages i flere år, inden afhængigheden indtræder.

Rets kemiske analyser, baseret på politiets beslaglæggelser af narkotika i København, Aarhus, Odense, Aalborg og Esbjerg siden 2015 har vist, at kokainen på markedet er stærkere end nogensinde tidligere. Renheden i kokain i 2015 var på ca. 25%, mens renheden de seneste 5 år har ligget mellem 57% - 75%. Renheden har stor betydning for antallet af forgiftninger.

"Jo stærkere et stof er, jo større er risikoen for afhængighed og skader – fordi der er en sammenhæng mellem fortyndingsgrad og risikoen for forgiftninger.
Det gælder både risikoen for en akut forgiftning samt udvikling af psykiske komplikationer og psykoser.

At kokain er et fest stof er en myte
Den mængde Serotonin som hjernen normalt bruger på en måned brændes af på 1 bane kokain

Forsøg:
I dyreforsøg har man påvist afhængigheden og ikke mindst farligheden ved kokain. Man delte rotter op i 2 grupper og lod den ene gruppe indtage heroin og den anden kokain.

Gruppen, der indtog heroin, opretholdt deres vanlige standard af renlighed, spiste fornuftigt og regelmæssigt og virkede sunde, selv om de med tiden indtog større og større dosis af heroinen.

Gruppen, der indtog kokain, levede under de samme betingelser. Men efter få dage gad de stort set ikke spise, de blev ligeglade med deres hygiejne og fik hurtigt en dårlig almentilstand, ligesom dyrene indtog stoffet i et uregelmæssigt mønster.

Efter 30 dage var 36 % af dyrene i den rene heroin gruppe døde mens der var tale om 90 % i kokaingruppen. Dette viser alt om stoffets farlighed.

Effekten af kokain
Puls og åndedræt bliver hurtigere, blodtrykket øges og kropstemperaturen stiger. Kokain giver en følelse af energi, opstemthed og selvsikkerhed. Sult, tørst og træthed mærkes ikke.

En kokainpåvirket person virker selvcentreret og hyperaktiv, pupillerne er store og musklerne spændte.

Rusen varer kort, i løbet af en lille times tid kommer der en nedtur.

Kokains fysiologiske virkning.

Virkningen kan opdeles i 3 dele

1. Kokain har en centralstimulerende effekt (man bliver vågen, aktiv og opstemt).

2. Kokain har gode lokalbedøvende egenskaber, som bruges medicinsk
   (bla. ved operationer i øjet)

3. Kokains sidste virkning er, at det får de glatte muskelceller til at trække sig sammen og
   stopper dermed de automatiske bevægelser, der sørger for at organerne virker korrekt.

Kokainmisbrug:

Ved indtagelse af kokain opleves 3 forskellige psykiske tilstande også kaldet faser.

Fase 1 er "suset" som indtræder få minutter efter indtagelsen af stoffet. Tilstanden er præget af
eufori, øget selvtillid og stærk lystfølelse.

Fase 2 er "at være høj" her er der også tale om psykisk velvære, men ikke med samme intensitet
som under suset. Personen føler sig vågen og snaksaglig med iderige tanker.
Generthed og social hæmning er ophævet, denne tilstand varer ca. 1 time hvorefter de klinger af
og fase 3 indledes.

Fase 3 *" the post coke blues"* abstinenserne begynder langsomt at indtræde. Personen føler sig
rastløs, irritabel, angst og begyndende depressiv.

Disse symptomer udløser trangen til at indtage kokain igen for derved at genopleve den positive
stemning. Man kan derfor sige, at kokainabstinenserne har en forstærkende virkning på
udviklingen af forbruget. Fortsætter personen med at indtage kokain, vil der efter nogle døgns
misbrug indtræde en meget ubehagelig tilstand præget af psykisk og fysisk udmattelse.

Efter 1-2 dages afholdenhed vil rastløshed og tiltagende depression gøre, at personen vil forsøge
at slippe for abstinenserne ved fortsat brug af kokainen.

Et af de værste abstinenssymptomer ved kokainmisbrug er de såkaldte "Cocaine bugs" hvor
personen er følelses hallucineret, dette er et psykotisk symptom med en oplevelse af at føle ting,
der ikke er der. Typisk føler personen, at der kravler insekter rundt under huden. Følelsen kan
være så intens at misbrugeren i angst og fortvivlelse forsøger at fjerne de imaginære (ikke
virkelige) insekter ved, at skære huden op på sig selv.

Abstinenssymptomer:

Lang nedtur med søvnforstyrrelser (hvilket ofte føre til gentaget forbrug)
Manglende energi
Nedtrykthed
Irritabilitet
Manglende sexlyst
Stræk stoftrang.
Depression (Risiko for selvmord)

Bivirkninger ved Kokain:

Den kokain påvirkede bliver let ophidset og vred hvilket øger risikoen for vold.
Man oplever storhedsvanvid (grandiositet) og manglende dømmekraft.

Mens brugen af kokain i starten stimulerer sexlysten, så nedsætter jævnligt kokainbrug både sexlyst og potens.

Kokain nedsætter hjernens og hjertets blodforsyning og kan derfor give hjerneskader, åndedrætsproblemer, rytmeforstyrrelser i hjertet, og hjertestop. Kokain der sniffes kan give næseblod og i sidste ende ødelægge næsens slimhinder og næsevæggen.

Tegn på kokainforgiftning er stærk rastløshed sammen med store pupiller, høj puls, hurtigt åndedræt og temperaturstigning.

Man kan udvikle alvorlige psykiske symptomer såsom sygelig mistænksomhed, man kan føle sig forfulgt, angst, anspændt og depressiv. Der er samtidigt en risiko for at udvikle kokainpsykose (paranoia og forfølgelsesvanvid) og hallucinationer. En kokainpsykose kan vare fra dage og helt op til nogle uger og kræver psykiatrisk behandling. *(Ved en psykose har man en ændret realitetssans).*

Ved indtagelse af store doser kokain kan vågenheden (arousal) blive så stor, at man f.eks. ser og høre ting der ikke er der, i den situation oplever man det som kaldes kokain delirium.

Et andet symptom er oplevelsen af tanketyveri hvor man føler at ens tanker bliver stjålet af andre. Sidder man f.eks. og ser fjernsyn er det som om, at det man lige har tænkt bliver sagt af speakeren. Endelig kan man blive i tvivl om hvem man er, præcist som det ses ved skizofreni.

Hvad er skadevirkningerne ved kokain?

De mest udtalte skader ser man, når stoffet bliver sprøjtet ind gennem venerne eller bliver røget som crack, men ingen indtagelsesmåder er risikofri.

Ved et intensivt og regelmæssigt brug udvikler man en adfærd, der først viser sig i form af irritabilitet, aggressivitet, hyperaktivitet og søvn- og spiseforstyrrelser. Senere i forløbet kan det udvikle sig til en tilstand præget af angst, stereotyp tvangspræget adfærd (gentagne, formålsløse bevægelser), forvirring, evt. aggression og endelig en paranoid psykose med hallucinationer. Psykosen er forbigående og klinger som reglen af i løbet af dage/uger, hvis man ophører med at indtage stoffet. Der kan dog være behov for psykiatrisk eller medicinsk hjælp.

Ved gentagen brug af kokain stiger risikoen for, at blive ramt af neurologiske og psykiatriske symptomer samtidigt stiger risikoen for pludseligt dødsfald pga. hjerneblødning, hjerterytmeforstyrrelser, blodprop i hjertet og delir med hypertermi (voldsomt forøget legemstemperatur).

Kokain kan give en dødelig forgiftning med kramper, åndedrætsstop eller hjertesvigt. Tegn på forgiftning er stærk rastløshed, store pupiller, høj puls, hurtig vejrtrækning og temperaturstigning.

Risikoen for død og andre alvorlige skader er ikke kun afhængig af forbrugets størrelse, men også af forbrugets hyppighed og varighed.

Blandingsmisbrug:
Brugere af kokain fristes til at dæmpe nedturens angst og uro med beroligende midler, f.eks.
alkohol, benzodiazepiner, hash, heroin eller lign. Og dermed kan der udvikles et
blandingsmisbrug.

Sensibilisering (Udvikling af allergi eller overfølsomhed):
Sensibilisering kan opfattes som det modsatte af tolerans.
Det vil sige, at de reaktioner som rusmidlet fremkalder, bliver voldsommere for hver gang man
bruger stoffet. Man kan sige, at man skal have mere af stoffet for at få "suset" men kroppen kan
tåle mindre og mindre.

Abstinenssymptomerne af et kokainmisbrug er motorisk uro og psykisk anspændthed.
Symptomerne optræder, når man ophører med at tage kokain. For hver abstinens periode man
har, bliver symptomerne langsomt værre og værre. Den motoriske uro, som i begyndelsen er
rysten på arme og ben, tiltager i styrke og med tiden kan tilstanden ende med egentlige kramper.
På samme måde sker der en stadig udvikling i de psykiske abstinenssymptomer.

Hvor man i begyndelsen oplever udmattelse, tristhed og søvnbesvær kan tilstanden efter nogle
ganges afgiftning (stop at indtagelse) ende med psykotiske problemer.

Kokainens svøbe er trangen
Almindelige udløsere af trang (craving) er:

- Tanke-udløsere
- Sanse-udløsere
- Handlings-udløsere
- Forholds-udløsere

Tanke-udløsere, kommer af afhængig tankegang eller sagt på en anden måde misbrugerens tanke
måde, tanker kan forårsage en fuldstændig identisk kropslig oplevelse af at være i en misbrugs
situation igen. En ikke aktiv misbruger kan altså blot ved tanken genskabe en oplevelse og følelse
som personen havde dengang man tog stoffer.

Sanse-udløsere, opstår af noget man ser, hører, mærker, smager eller lugter, det kan være:
- En film hvor kokain optræder.
- Overhører samtaler om kokain
- At mærke et dankort i hånden. (bruges til at dele kokainen op i baner)
- Noget der smager som kokain uden at være det.
- Specifikke aromaer der minder om dufte man oplevede da man tog kokain.

Handlings-udløsere er, stof opsøgende handlemåder såsom at gå på bar, snakke med pushere,
opsøge tidligere misbrugsvenner eller tidligere misbrugsmiljø.

Forholds-udløsere, omfatter alle stressende forhold.

Amfetamin – Methamfetamin – ICE – 4MTA "Flatliner"

Amfetamin kaldes også fattigmands Coke og har i mange år været det mest brugte centralstimulerende narkotika i Danmark. Dets virkning er i mange henseende identisk med kokain. Den største og mest afgørende forskel mellem kokain og amfetamin er, at amfetamin har en længere halveringstid og derfor giver en rus, der er betydeligt længerevarende og dermed også mere afhængighedsskabende for mange mennesker.

Amfetamins historie

Amfetamin blev førstegang syntetiseret (kemisk manipuleret) i 1880. Men det fandt ikke rigtigt nogen anvendelse før i begyndelsen af 1930'erne. På det tidspunkt begyndte tyske læger at bruge stoffet i behandlingen af forskellige sygdomme såsom skizofreni, morfinafhængighed og søsyge. Samtidigt opdagede man, at amfetamin havde en god sultstillende effekt og samtidigt kunne holde et søvnbehov nede.

Den tyske hær udnyttede at den sultstillende effekt, det gav folk en mæthedsfornemmelse og ikke mindst kunne det holde soldater vågen og vagtsom i længere tid (man opfandt supersoldaten). Det er dokumenteret at Hitler i sine sidste leve år var afhængig af amfetamin.

Amfetamin og det mere potente stof methamfetamin (methamfetamin er 3-5 gange stærkere end amfetamin) udgør sammen med flere andre varianter en samlet familie, der alle har en centralstimulerende virkning.

Amfetamin misbrug

Der var fra 1980 til ca. 2000 et stigende forbrug af amfetamin i Danmark og det var populært blandt unge i Danmark at eksperimentere med stoffet. En undersøgelse i 1999 viste at der blandt 9 klasses elever var 4 % der havde prøvet stoffet og dette tal var støt stigende helt op til 2016. Der blev i 2017 lavet en tilsvarende undersøgelse, der viste, at ca.1,5 % af de unge mellem 16 – 24 år havde taget amfetamin inden for det seneste år.
Om denne nedgang skyldes at kokain blev billigere eller om de unge er skiftet til andre stoffer vides ikke.

Der er tendens blandt unge til at blande amfetamin og alkohol. Resultatet er, at man kan tåle en langt større mængde alkohol uden at blive påvirket og man falder ikke i søvn. Amfetamin er nemlig mere stimulerende end alkohol er sløvende, man kan derfor gå rundt med en alkoholpromille, som ville give en svær bevidsthedspåvirkning hvis amfetamin ikke var til stede. Da amfetamin forlader kroppen hurtigere end alkohol kan det ske, at en person pludselig falder om og mister bevidstheden pga. alkoholforgiftningen.

Toleransudvikling ses typisk hos amfetamin misbrugere og den udvikler sig hurtig når man indtager stoffet med korte mellemrum.

Hvor tolerans over for opioider hurtigt fortager sig, gælder dette ikke for amfetamin.
Selv efter flere måneders stoffrihed vil den amfetaminafhængige ved genoptagelse af misbruget, stadig kunne tåle store doser.

Følelsesproblemer ved amfetaminmisbrug

Et af problemerne ved amfetaminmisbrug er den umotiverede vold. Personer, der er påvirket af amfetamin, er fyldt med energi, de er aktive og udadvendte. Man bliver mere følsom både positivt og negativt dvs. kærlige følelser opleves stærkere, men samtidigt kan man blive mere irritabel og aggressiv. Omgivelserne er derfor helt afgørende for, hvordan rusen opleves.

Amfetamin indtages almindeligvis som piller, eller som hvidt pulver der sniffes

Methamfetamin

Methamfetamin indtages på samme måde som amfetamin, men er 3-5 gange stærkere.

Ice – Crystal meth

Denne type af amfetamin kan ryges. Man har taget methamfetamin og bragt det i en basisk form Crystal meth er stærkt vanedannende og selv ved kort tids brug udvikler man psykisk afhængighed.

Gadenavne er f.eks. "ICE," "Krystaller" eller "Glas".

Det er et voldsomt kraftigt virkende og stærkt vanedannende stof. Det er et kunstigt fremstillet (designerdrug) stof, som ofte giver en aggressiv, voldelig eller psykotisk adfærd. Mange misbrugere, specielt i USA fortæller, at de blev afhængige allerede efter første gang. Det er et af de sværeste stoffer at afvænne folk fra.

4-MTA "Flatliner"

4MTA er en forholdsvis ny form for amfetamin, der har gjort sit indtog i Europa. Stoffet indtages som tabletter og har en virkning, der i nogle henseender er mere kraftig end amfetamin, stoffet har en langsomt indsættende virkning og netop dette gør stoffet meget farligt.

Når personen ikke har oplevet nogen virkning efter 10 – 20 min. er der en tendens til at indtage flere piller. Eftersom virkningen først indtræder efter ca. 1- 1½ time kan personen allerede have fået en overdosis.

Et andet problem med 4-MTA er at man let bliver forgiftet. Der skal ca. 100 mg til for at blive ruspåvirket mens den dødelige dosis ligger omkring 600 – 800 mg. Stoffet er kendt for at have rigtigt mange forgiftningsdødsfald på samvittigheden.

Heroin, morfin og andre opioider

Opiumsvalmuen

Opiumsvalmuens frøkapsel indeholder en lang række stoffer, men mest kendt er morfin og Kodein. Opium er den tørrede mælkesaft fra opiumsvalmuen. Opiater er en samlet betegnelse for de stoffer, der udvindes af opiumsvalmuen, og derefter kemisk bearbejdes til forskellige undertyper.

Heroinens historie

I 1874 opdagede Englænderen C.R. Alder Wright et nyt opiat, som man ikke skulle blive så afhængig af som morfin, og det blev bl.a. introduceret som en fantastisk medicin mod hoste. Man fandt dog hurtigt ud af hvor farligt stoffet var. Derfor blev det i 1920 bestemt af stoffet kun måtte bruges i medicinske sammenhænge. *Stoffets navn var heroin.*

Stofmisbrug dukkede op som et nyt fænomen blandt unge i Danmark i begyndelsen af 1960'erne. Før heroin dukkede op på stofmarkedet var det først og fremmest hash og LSD, der var de toneangivende stoffer, men det varede ikke længe før disse stoffer blev suppleret med morfinbase, et illegalt fremstillet og indsmuglet morfinpræparat, senere dukkede der pakistanske morfinpiller op, de såkaldte "pakipiller". Omkring 1975 blev "pakierne" erstattet med heroin.

Lidt fakta om heroin misbrug:

Flere mænd end kvinder misbruger heroin

Følgende grupper er overrepræsenterede i misbrugsstatistikken

- Personer der har været anbragt på institution
- Unge som er ude i langvarig arbejdsløshed
- Personer der er uden uddannelse
- Personer der er ude i kriminalitet
- Personer med psykiske problemer

Heroinmisbrug medfører for de fleste en forværring af de problemer som de havde i forvejen

Hvordan fremstilles heroin:

Heroin fremstilles i flere etaper. Fra rå valmuesaft til rå opium, fra rå opium til morfin og fra morfin til heroin. Heroin fremstilles på laboratorier i den såkaldte "Gyldne Trekant" (Burma/Thailand/Laos) og i "Den Gyldne Halvmåne" (Pakistan/Afghanistan/Iran). Derfra smugles heroinen ind i Europa og er i dag det mest anvendte stof blandt gade narkomaner. Heroin er forbudt over hele verden.

Heroinklorid

I sin reneste form er heroin et hvidt/beige, fint krystallinsk (bestående af krystaller) pulver med en bitter smag. I denne form er det vandopløseligt og kaldes for heroin nr.4 eller heroinklorid. Hvid heroin egner sig ikke til rygning da en stor del af stoffet ikke fordamper men forkuller ved opvarmning. Den hvide heroin sniffes eller opløses i vand og injiceres i en blodåre.

Heroinbase

Rygeheroin er mere uren og er ikke en krystallinsk form for heroin. Den basiske form gør, at det er nemmere at fremstille og det egner sig bedre til rygning.

Rygeheroin kaldes også for heroin nr.3, "brown sugar" eller heroinbase.

Brun rygeheroin (som ikke altid er brun, men kan også være beige) har et lavere smeltepunkt således at størstedelen af heroinen fordamper og kan opsuges gennem røgen, den brune heroin kan også opløses og injiceres (indsprøjtes).

En meget stor del af den heroin der blev beslaglagt af politiet i 2013 var brun heroinbase med et morfinindhold på 38%. I 2022 var morfinindholdet på 32 %, men renheden kan variere voldsomt fra 4%–57 %.

Heroinbase giver samme rusvirkning, tilvænning, afhængighed og risiko for dødsfald som heroinklorid. Risiko for overdosis er størst ved injektion, men forekommer også ved snifning.

Hvilke effekter har heroin?

Heroin bedøver centralnervesystemet. Heroin giver en kortvarig eufori, et sus, der varer cirka et minut. Herefter følger en behagelig sløvhed.

Smerte og ubehag fortoner sig til fordel for ligegyldighed.

Heroin virker meget hurtigt, og rusen varer 3-4 timer. Pupillerne trækker sig sammen og bliver små. Man bliver sløv, døsig, taler snøvlende og får en usikker gang. Rusen efterfølges af abstinenser med kulderystelser og utilpashed med kvalme.

Ved store doser opstår vejrtrækningsbesvær og sammentrækning af pupillerne. Vejrtrækningsbesværet kan være livstruende. Huden bliver kold, fugtig og blålig.

Ved injektion (indsprøjtning) af heroin med ukendt indhold eller styrke er der stor risiko for overdosis og dødsfald.

Heroins negative virkning

Fælles for alle opioider er, at de er fedtopløselige og dermed let og fuldstændig optages i mave-tarm-kanalen, ligesom de hurtigt passerer gennem blod-hjerne barrieren.

Heroin virker hæmmende på nervecellernes funktion, heroin virker også hæmmende på de endorfiner der frigiver signalstoffer, dette dæmper smerteimpulserne, hvilket bevirker at smertetærsklen bliver højere.

Heroinen øger dopaminmængden og derved stimuleres hjernens belønningssystem, og hæmmer den følelsesmæssige reaktion på oplevelsen af smerte. Den øgede dopamin mængde oversvømmer også de receptorer i hjernen, som udløser lystfølelse(eufori), aktiviteten i hjernen sænkes og derved dæmpes også frygt og uro.

De mange overdosisdødsfald blandt heroin misbrugere skyldes, at de områder i hjernen der kontrollerer hoste og vejrtrækning hæmmes.

Heroin påvirker også hypotalamus og dermed hypofysen.

Der kommer ubalance i hormonsystemet især i de hormoner der styrer seksualdrift og forplantning. Misbrug fører til menstruationsforstyrrelser og nedsat potens.
Endelig påvirker heroin også tarmkanalen. Heroin nedsætter udskillelsen af mavesyre i mavesækken, galde fra leveren, enzymer fra bugspytkirtlen og tarmbevægelser hæmmes.
Dette er grunden til, at mange heroinmisbrugere lider af kronisk forstoppelse.

Kroppens reaktion skyldes, at heroin påvirker nervecellerne meget kraftigere end endorfinerne.
Bl.a. fordi signalstofferne ikke råder over enzymer der kan fjerne heroin fra synapsen.
Modtagecellerne forsvarer sig ved at nedsætte følsomheden.
Herved opstår et behov for øget tilførsel af heroin.

Ved pludseligt ophør med indtagelse af heroin, reagere nervecellerne med abstinenser i form af muskelsmerter, kvalme, kuldegysninger, svedeture, søvnbesvær m.m.

Virkning ved indtagelse

Heroin kan sniffes, ryges eller injiceres (sprøjtes) ind i kroppen.
Virkning ved indtagelse kan være meget forskelligt fra person til person afhængig af indtagelsesmåden og om det er første gang man indtager stoffet.

Ved at tilføre kroppen heroin gennemlever misbrugeren 4 stadier.

- "Suset" indtræder samtidigt eller kort efter indtagelsen
- At være "høj" dette varer i 20 – 30 min
- "koksefasen" varer 2 – 4 timer, man er sløv, apatisk i søvnig tilstand
- Abstinensfasen, som indtræder mellem 4 – 12 timer efter sidste indtag, sker med udtalt fysisk og psykisk ubehag. I denne fase er misbrugeren i stand til at gøre hvad som helst for at få et nyt fix.

Nogle vil opleve svimmelhed eller voldsomme opkastninger i stedet for en euforiserende virkning, andre vil – ikke mindst hvis stoffet indtages ved injektion eller rygning – opleve en stærk ekstaselignende virkning, det som stofbrugere kalder "suset"

Virkningen indtræder samtidigt med eller kort efter indtagelsen og "Suset" afløses af en tilstand af velvære, oplevelse af tilfredshed, ligegyldighed, angstdæmpning med kriblen i kroppen.

Efter nogle timer ophører virkningen gradvis og personen vil opleve, at der begynder at komme abstinenser i form af rastløshed og kulminerer med mavekramper, hedeture, koldsved, og evt. opkastninger. Disse abstinenser vil kulminere 2-3 dage efter sidste indtagelse af stoffet og ophører efter 6-8 dages forløb. Abstinenserne er særdeles ubehagelige og kan sammenlignes med en alvorlig influenza, men er som hovedregel ufarlige. Abstinenser ophører straks ved indtagelse af heroin, morfin eller tilsvarende stoffer.

På grund af angsten for, og ubehaget ved, abstinenser og den kraftige psykiske tilvænning, der er ved stoffet, er det vanskeligt for en afhængig person at ophøre med brug af stoffet.

Det kan virke overraskende, at så mange bliver afhængige af heroin når morfin i stor udstrækning anvendes i medicinsk behandling, men afhængigheden skyldes formentlig styrken i stoffet og varigheden af indtagelsen.

Heroinmisbrug

Heroin er et rusmiddel der globalt giver mange menneskelige, sociale og økonomiske problemer.

Det er et tilbagevendende spørgsmål hvorfor nogle personer bliver afhængige selv efter kort tids brug af opioider hvorimod andre kan klare langvarig smertebehandling uden at blive psykisk afhængig, meget tyder på at sociale og personlige egenskaber har stor betydning.

De fleste heroin afhængige begynder deres misbrug i teenage årene og hvis de fortsat er i live 10 – 15 år senere, søger de behandling for at komme ud af misbruget.

Det er en vanskelig opgave at stoppe et heroin misbrug. Dels pga. den store psykiske afhængighed og dels fordi at narkomanens personlighedsudvikling er skadet af livet som misbruger. Det skal dog understreges, at med professionel hjælp er det lykkes mange at blive og ikke mindst forblive "clean" og få et godt og funktionelt liv.

Hvad er opiater:

Opiaterne omfatter stoffer som opium, morfin, heroin og kodein. Semisyntetiske opioider omfatter stoffer som buprenorphin og ocycodone (fremstillet af opiater, men kemisk ændrede). Hertil kommer de helt kunstige opioider som f.eks. metadon, tramadol og fentanyl.

Morfin og kodein

Af rå opium fremstilles morfinbase, som ved hjælp af forskellige syntetiske processer omdannes til morfinklorid og morfinsulfat til medicinsk brug eller til morfinklorid og heroin som omsættes på det illegale stofmarked. Morfin bruges til smertebehandling, men med stor risiko for afhængighed

Kodein findes kun i små mængder i opiumsvalmuen. Derfor fremstilles Kodein til medicinsk brug semisyntetisk ved methylering (indsættes i et andet molekyle). Kodein bruges som en let smertestillende medicin. Kodein har afhængigheds potentiale.

Hvad er opiat-abstinens?

Fælles for alle opiaterne er, at de i større eller mindre grad stimulerer receptorer (bindingssteder) i hjernen. Når disse receptorer stimuleres, har det en række forskellige virkninger:

Den vigtigste virkning er en smertelindrende effekt kombineret med afslapning og følelse af velvære. Hjernen vil under påvirkning af opiater forsøge at modvirke effekten til en vis grad. Dette fører blandt andet til, at der for hver indtagelse af stoffet, behøves større doser af opiatet for at opnå samme effekt.

Hvorfor får man opiat-abstinens?

Opiat-abstinens opstår, når kroppen har vænnet sig til opiat indtag, og indtaget herefter aftager eller standser. Kroppen skal tilpasse sig den nye situation uden tilførsel af opiat.

Hvad er symptomerne på opiat-abstinens?

Symptomerne er uro, tristhed, hovedpine, sveden, åndenød, rindende næse, let udvidede pupiller, tåreflod og gåsehud. Ved sværere abstinens ses endvidere søvnløshed, mavesmerter med løs mave og kvalme, høj puls, kulderystelser og feber, smerter i kroppen, store pupiller og evt. psykose.

Fælles for alle opiater er øget tolerance, afhængighed og abstinenser

Kroppen vænner sig hurtigt til alle opiater. Derfor skal man efter få dages regelmæssig brug have stadig mere stof for at opnå samme virkning. En narkoman, der er vant til heroin/morfin, vil kunne tåle store doser, som vil være dødelig for en person, der ikke var vant til stoffet.

Personer, som tager heroin eller andre opiater for at opnå en følelse af velvære og eufori, risikerer at udvikle afhængighed. Opiatafhængighed kendetegnes ved en stærk trang efter stoffet, nedsat kontrol over eget forbrug, toleranceudvikling, fysiologiske abstinenssymptomer og ligegyldighed overfor andre ting. Man opretholder brugen til trods for de skadelige konsekvenser.

Afhængighed af opioider udvikles meget hurtigt.

Når kroppen ikke længere får tilført stof, får brugeren stærke abstinenssymptomer. Symptomerne er opkastninger, feber, kulderystelser, svedtendens, manglende appetit, løbende øjne, løbende næse, store pupiller, søvnløshed, rystelser, muskelspasmer, spontan sædafgang, mavesmerter. Abstinenssymptomerne er stærkere efter misbrug af stærke stoffer som heroin end efter misbrug af svagere opiumstoffer som Kodein præparater. De mest udtalte abstinenssymptomer ses som regel efter 4 - 24 timer efter sidste indtag og vil toppe i løbet af 2-3 dage og aftage efter 7-14 dage.

Hvilken behandling er der?

Der findes forskellige former for abstinensbehandling.

Ved brat ophør af et opiat, hvilket absolut ikke er tilrådeligt, kan pårørende give den støtte og omsorg, som er nødvendig gennem den værste periode.

På hospital eller misbrugsbehandlingssted vil man ofte kombinerer støtte og omsorg med en type medicin, som lindrer symptomerne.

I nogle tilfælde bliver symptomerne så voldsomme, at man ikke kommer udenom brug af opiater, for derefter at trappe langsomt ned (buprenophin eller metadon er mest brugt), dette lindrer symptomerne, men trækker nedtrapningen ud.

I nogle tilfælde kan det være nødvendigt med hospitalsindlæggelse. Det sker, for at overvåge tilstanden og for at kontrollere indtaget af medicin.

Fælles for behandlingsformerne er, at det er en meget hård proces for den afhængige. Det er også en kendsgerning, at der er en høj forekomst af tilbagefald, uanset hvilken nedtrapningsmetode man benytter.

Selve abstinenserne ved opiatmisbrug er sjældent livstruende, selvom symptomerne kan opleves dramatiske. Dødelige udfald af abstinenser forekommer sjældent.

Skader ved brug af heroin og andre opiater

- Betydelig fysisk og psykisk afhængighed af stoffet.
- Fysiske og psykiske abstinenser
- Tilvænning, som medfører øget toleranceudvikling.
- Stor risiko for forgiftning og dødsfald.
- Illegale aktiviteter for at finansiere misbruget (kriminalitet – prostitution)
- Der er en stor risiko for skader på blodkarrene, hvis stoffet injiceres (sprøjtes ind i åren).
- Ved deling af injektionssprøjte, nåle, rygerør er der stor risiko for leverbetændelse, HIV, blodpropper, bylder og betændelse.

Fentanyl - analoger

Fentanyl er et syntetisk smertestillende stof som kun må udskrives af en læge. Fentanyl-analoger er ifølge sundhedsstyrelsen mellem 75 – 10.000 gange så stærkt som morfin. Alene det faktum at det indtages i mikrogram viser, at det er voldsomt potent stof.

Fentanyl -analoger er et af de nyere opiater, der er begyndt at dukke op på den danske stofscene. I Danmark blev stoffet opdaget i misbrugsmiljøet i ca. 2018 og især i misbrugskredse er stoffet skyld i en del dødsfald.

Sundhedsstyrelsen udgav i 2018 en advarsel til behandlingsinstitutionerne for stofmisbrug, væresteder i Danmark, stofindtagelsesrum, Rigspolitiet, toldmyndigheder, retsmedicinske institutter, giftlinjen på Bispebjerg og AMK. om såkaldte fentanyl-analoger, altså syntetisk fremstillet fentanyl med små kemiske ændringer i stoffet.

I Danmark er der endnu ikke indberettet mange dødsfald ved brug af fentanyl lignende stoffer, men antallet antages at være på ca. 40-50 på 5 år.
I Sverige og specielt i USA er fentanyl et meget stort problem, da det i disse lande er meget mere udbredt og det må antages at fentanyl også får fodfæste i Danmark inden for en kort årrække.

Andre opioider

Ud over de omtalte stoffer findes der en række andre lægemidler der i deres virkning minder om heroin og morfin bl.a. metadon, ketogan og temgesic, blot for at nævne nogle få.

Der er i år 2020 opdaget en ny trend blandt børn og unge. Der ses et stigende misbrug af lægeordineret medicin specielt af opiater. Det er derfor vigtigt, at man er meget opmærksom på at selv små doser af lægeordineret medicin kan være afhængighedsskabende og i samme grad som illegale rusmidler er farlige at indtage uden lægeligt tilsyn.

Blandingsmisbrug

Blandingsmisbrug er meget udtalt blandt opioid misbrugere. Specielt heroinmisbrugere har en betydelig overdødelighed, især når de blander heroin og benzodiazepiner. Benzodiazepiner er også en "downer" og risikoen for åndedrætsstop og hjertestop er meget stor ved samtidig indtagelse af heroin, idet begge stoffer påvirker åndedrætscentret.

Krydstolerans

Krydstolerans betyder, at tolerans ikke blot er udviklet over for virkningen af et bestemt rusmiddel, men også over for et andet, selv om man aldrig har indtaget det andet stof.

Fænomenet er almindeligt kendt blandt narkomaner. Her gælder det nemlig, at hvis de kan tolerere store doser heroin, så kan de også tolerere store doser metadon, selvom de aldrig tidligere har indtaget metadon.

Synergisme

Ved synergisme forstås to stoffer med samme virkning, men som har forskellige biologiske angrebspunkter i hjernen forstærker hinanden, som F.eks. heroin og benzodiazepiner.

Virkningen af de 2 stoffer indtaget samtidigt bliver meget kraftigere selv om de har forskellige angrebspunkter i hjernen, da begge stoffer er respirationsdæmpende.

Alkohol (Ethanol, Ethylalkohol)

Alkohol har gennem flere århundrede været danskernes foretrukne rusmiddel. Det er det mest brugte rusmiddel og samtidigt er det et af de mest sundhedsskadelige rusmidler, der findes og så er det lovligt. Ved mange familiefester og andre sociale sammenhænge har alkohol været med til at skabe en god stemning og alkohol har samtidigt været skyld I, at mange familier er gået i opløsning. Man kan sige, at vores forhold til alkohol er et had – kærlighedsforhold

Alkoholens udvikling i Danmark

Det gennemsnitlige forbrug af alkohol i Danmark har ligget rimeligt konstant i de senere år, ca. 12 liter ren alkohol pr. år pr. indbygger over 14 år, hvilket svarer til 2,8 genstand pr. dag.

Lad os se på hvordan forbruget fordeler sig, man ved at storforbrugere, og dem er der ca. 400.000 af, drikker ca.50 % af det samlede forbrug, hvilket er det samme som 14 genstande pr. person pr. dag. De resterende ca. 3,6 mio. danskere drikker den anden halvdel altså ca. 1,5 genstande pr. dag.

Hvis alkoholforbruget stiger i samfundet, er det væsentligt at vide i hvilken gruppe det stiger, for stiger det i gruppen af storforbrugere så har det alvorlige sundhedsmæssige konsekvenser pga. alkoholens skadelige virkning, hvorimod en lille stigning hos de 3,6 mio. ikke har den store betydning for folkesundheden.

Alkohols virkning

Alkohol påvirker hjernen, præcist hvilke dele af hjernen den påvirker vides ikke med sikkerhed, men man ved med sikkerhed at alkoholen påvirker:

Hippocampus der har betydning for hukommelse, humør, orientering og koordinering.
Hjernestammen som her betydning for respiration, blodtryk og vågenhed.
Lillehjernen der koordinerer balance og kropsstilling.

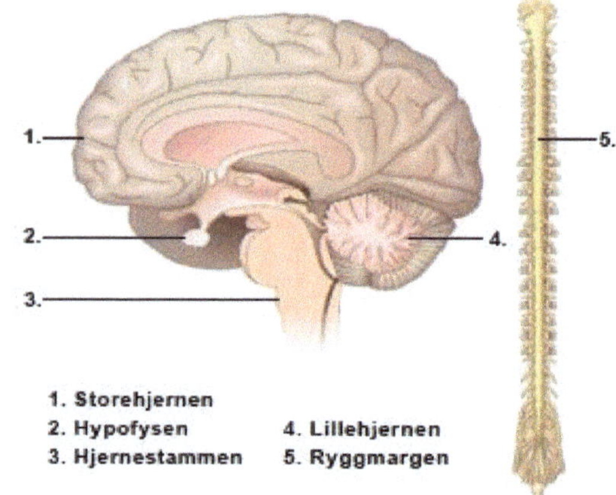

Figur 3

Alkoholrusen

Alkoholrusens virkning er kendt af de fleste, men den opleves forskelligt fra person til person og der er betydelig forskel på hvor meget alkohol en person kan tåle.

Generelt gælder det at alkohol forstærker en persons grundstemning. Derfor bør man ikke drikke alkohol hvis man er i dårligt humør, depressiv eller aggressiv.

Ved indtagelse af 5-12 genstande over en periode på 2-5 timer beskrives rusen hos personer, der ikke lider af afhængighedssyndrom, som behagelig, man bliver veltilpas, afslappet, impulsiv og lattermild. Samtidigt bliver koordinationen af ens bevægelser dårligere og dømmekraften nedsættes.

Med stigende alkohol doser indtræder en stigende bevidsthedssvækkelse, hukommelsestab, bevidstløshed og til sidst død fremkaldt af en lammelse af åndedrætscenteret.

Intervallet mellem bevidstløshed og død kan være meget lille.

En person der ligger dybt sovende uden, at man kan vække vedkommende, skal omgående bringes på hospitalet. Det er vigtigt at huske, at overdreven indtagelse af alkohol giver en forgiftning.

Langtidsforbrug

Personer, der dagligt drikker alkohol vil med tiden, udvikle tolerans ligesom rusen skifter karakter.

Den behagelige mentale tilstand, der bliver fremkaldt af alkohol vil med tiden aftage og i stedet vil alkoholindtagelsen i stigende grad blive styret af de fysiske abstinenssymptomer, der udløses af faldende alkoholpromille i blodet, ligesom der på et tidspunkt indtræder et kontroltab. Ved kontroltab forstås, at en person ikke er i stand til at stoppe drikkeriet. Morgenabstinenser og morgenopkastninger bliver almindelige. I dette stadium fortsætter drikkeriet for at undgå abstinenser.

Tolerancen over for alkohol er på dette tidspunkt blevet ganske betydelig og der skal større og større mængder alkohol til for at dæmpe abstinenserne. Det betyder at der let indtræder en forgiftning. De fysiske abstinenser bliver med tiden værre og værre og der sker det modsatte af tolerans, det der kaldes sensibilisering(overfølsomhed).

På nogle punkter kan kroppen vænne sig til stadig større mængder alkohol (tolerans) hvorimod kroppen bliver mere og mere følsom over for alkohol på andre områder (den sensibiliseres). Tolerans viser sig ved at større og større alkoholpromiller kan bæres, uden at en person virker beruset. Sensibilisering viser sig ved en gradvis forværring af de fysiske abstinenser.

MR Scanning af hjernen hos en alkoholiker sammenlignet med en alderssvarende ikke alkoholiker

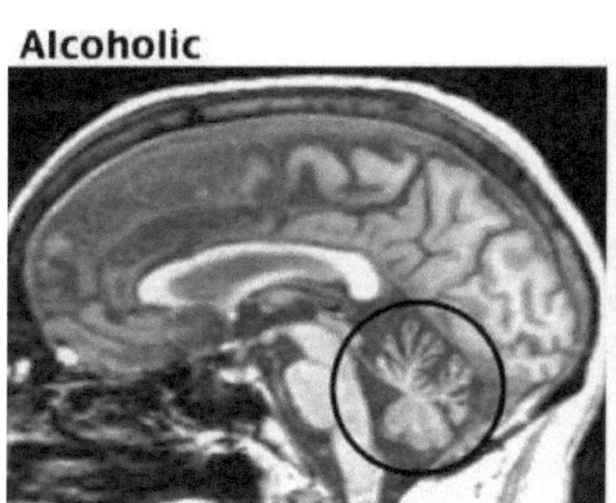

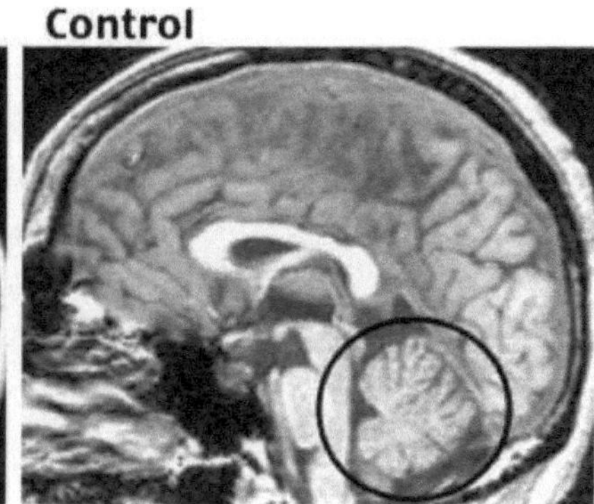

Alkohols skadelige virkninger

Ved alkohols primære skadelige virkninger forstås de ulykker og utilsigtede hændelser, som er en direkte konsekvens af alkoholrusen, her tænkes på f.eks. faldulykker, vold som følge af rusen, kørsel i påvirket tilstand osv.

De sekundære skader omfatter de fysiske organforandringer, som et langvarigt overdrevent alkoholforbrug giver.

På billederne ses tydeligt de fysiske forandringer der sker på kroppen

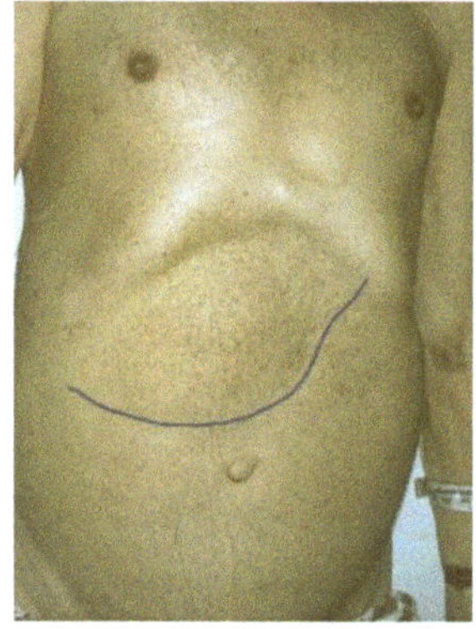 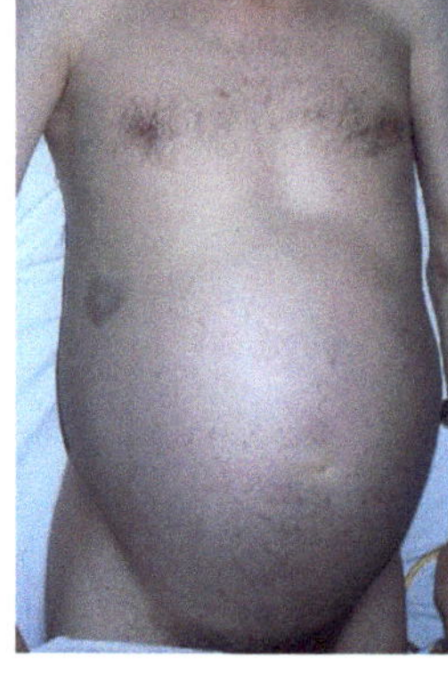 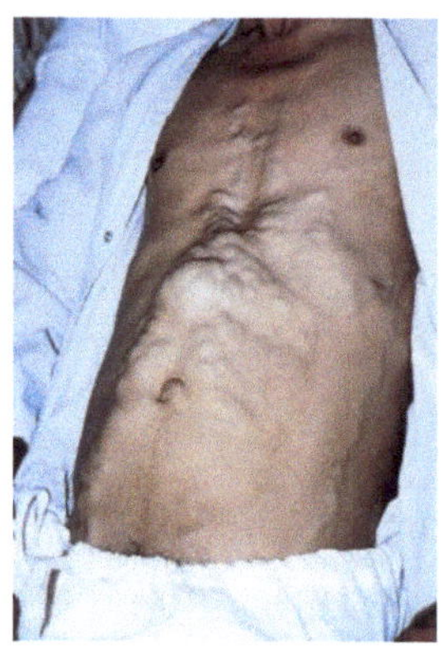

Leverforstørrelse   Skrumpelever   Vener med blod som skulle have været gennem leveren

Der sker også en lang række andre forandringer i kroppen,
de forandringer er beskrevet i skemaet nedenunder.

Skader ved alkoholisme	
Nervesystemet	Abstinenssyndrom, hallucinationer, kramper, delirium tremens Vitaminmangel sygdomme Degeneration af lillehjernen Forgiftning af hjernen (betinget af leversvigt) Psykiske lidelser Søvnbesvær Ødelæggelse af nerverne, specielt i benene
Mave/tarm	Halsbrand, infektion af mavesækkens slimhinde Øget cancer-risiko i mundhule, strubehoved og spiserør. Åreknuder i spiserøret og endetarm. Betændelse af bugspytkirtlen. Fedtlever, der fører til bindevævsforandringer Leversvigt

Hjerte	Øget hjertefrekvens, forstyrret hjerterytme
	Ødelæggelse af hjertemusklen
	Smerter fra hjertet
	Forhøjet blodtryk
Metabolisk effekt (Kemiske processer i kroppen)	Nedsat blodsukker
	Nedsat dannelse af proteiner
	Ophobning af fedt i leveren
	Nedsat magnesium og fosfat i blodet
	Øget dannelse af ketonsyre
Hormoner	Nedsat testosteron (impotens)
Muskler/knogler	Muskeldegeneration
	Afkalkning af knogler
Blod	Nedsat antal blodplader
	Forandringer i de røde blodlegemer
Foster	Hæmmet vækst
	Mental retardering
	Misdannelser

Hvorfor er alkohol giftigt for kroppen

Det er stadig et åbent spørgsmål, hvorfor alkohol medfører så omfattende skader. En forklaring er, at der er tale om et organisk opløsningsmiddel, som indtages i gramstørrelser. For de fleste andre rusmidlers vedkommende indtages de i milligram.

Et særligt problem er alkohol og graviditet.

Et foster, er mere følsom over for alkohol end moderen. Hvis det ufødte barn udsættes for alkohol, selv i beskedne mængder over længere tid, er der risiko for at barnet fødes med *føtalt alkohol syndrom "FAS"*. Det indebærer, at barnet bliver født med misdannelser i ansigtet, hjertefejl, lav fødselsvægt og nedsat intelligens.

Hvorfor bliver man afhængig af alkohol

Det ved videnskaben faktisk ikke med sikkerhed, men det man ved er, at hjernens $GABA_A$ – modtagere (receptorer) påvirkes af alkohol, men hvordan denne påvirkning finder sted, vides ikke med sikkerhed.

Man ved alkohol hæmmer aktiviteten i belønningssystemet, hvilket jo skulle forhindre afhængighed, men det stemmer ikke overens med den praktiske virkelighed, da vi jo ved at man bliver afhængig af alkohol.

Konklusionen er derfor, at videnskaben pga. hjernens utrolige kompleksitet endnu ikke har svar på alle spørgsmål.

Abstinenser

Når man stopper med at drikke, sker der specielt én ting, som man skal være særlig opmærksom
på nemlig at man oplever abstinenser. Ikke alle oplever de samme abstinenser eller samme styrke
af abstinenser.

Abstinenser er kroppens fysiske måde at reagere på når promillen i blodet falder. Hvis man
allerede ved hvad abstinenser er eller hvordan de viser sig, kan dette lede til en genoptagelse af
drikkeriet for at stoppe abstinenserne.

Jeg vil gennemgå hvilke abstinenssymptomer, der ofte opleves ved ophør af alkohol indtagelse.

Abstinenser opstår, ved dagligt brug af alkohol som reglen fra 1-3 dage efter ophør med
indtagelse af alkohol og har typisk en varighed på 7 - 10 dage.

Fysiske abstinenser

Kropslig uro, voldsomme rystelser, sveden, kvalme, opkast. Ses ofte inden for de første 24-36
timer og kan vare op til et par dage.

Psykiske abstinenser

Uro, angst, nedstemthed, søvnløshed, hovedpine, høre- eller synshallucinationer. Ses ofte inden
for de første 24-36 timer og varer generelt fra 5-7 dage.

Disse symptomer er ganske normale og harmløse, men de kan virke skræmmende og man skal
være bevidst om at kampen mod alkoholen er begyndt og det skal betragtes som kroppens
reaktion på, at man har stoppet indtaget af alkohol. Det er altid en god ide, hvis man bliver utryg
ved tilstanden at tale med en læge/sygeplejerske omkring sine symptomer.

Man bør aldrig fjerne alkohol fra en alkoholafhængig uden først at have kontakt med en læge,
vedkommende kan have brug for medicin, for at undgå abstinenskramper, som kan være meget
farlige potentielt dødelige.

Benzodiazepiner

Mange forskellige medicinske præparater har en sløvende og angstdæmpende virkning på centralnervesystemet. En stor familie af disse præparater kaldes under et for benzodiazepiner. Benzodiazepiner har siden 1960'erne været meget populære i behandlingen af søvnløshed, angst, nervøsitet og epilepsi.

For læger og psykiatere var det meget værdifuldt at få et sove og angstdæmpende middel, som patienterne ikke døde af, hvis de i selvmordsøjemed indtog for mange tabletter på en gang.

For patienterne er benzodiazepiner også et rigtigt godt middel, da præparaterne giver en hurtig indsættende angstdæmpende virkning og man sover godt på dem.

Alle benzodiazepiner har fem primærvirkninger.

1. Hypnotisk - fremkalder søvn

2. Beroligende - dæmper angst / skaber afslappelse

3. Antiepileptisk - mindsker sandsynligheden for krampeanfald

4. Muskelafslappende - nedsætter muskelspændinger og tilknyttede smerter

5. Amnetisk - giver både tab af både kort og lang hukommelse.

Derudover er der mange sekundære virkninger (bivirkninger).

De forskellige benzodiazepiner har disse primære virkninger i forskellig grad, for eksempel er Diazepam relativt kraftig søvnfremkaldende, hvorimod mere moderne benzodiazepiner som Alprazolam, Lorazepam og Klonazepam har mindre søvnfremkaldende virkninger, men de har en kraftig angstdæmpende virkning.

Man skal ikke tro, at fordi ét benzodiazepin produkt gør en person mere søvnig end et andet benzodiazepin, at det så er kraftigere end de, der ikke giver søvnighed i samme grad. Ofte er det modsatte tilfældet.

Benzodiazepiner siges ofte at høre til en større samling medicin betegnet som "lettere beroligende". Med hensyn til benzodiazepiner er dette en fejlagtig betegnelse, som er på vej ud af sproget. Alligevel kan man høre den af og til.

Benzodiazepiner udskrives oftest imod angsttilstande, især panikangst og generaliseret angst. De udskrives også imod krampeanfald, søvnløshed, søvnvanskeligheder og de udskrives som muskelafslappende middel. Under navnet Risolid til bruges de også til abstinensforebyggelse ved behandling af alkoholisme.

Problemet med benzodiazepiner er, at de efter kort tids brug medfører psykisk og fysisk afhængighed samt toleransudvikling (man skal have flere for at opnå samme effekt) hos brugeren.

På det Danske marked findes i øjeblikket 14 forskellige benzodiazepiner der sælges under 40 forskellige navne og fås i 175 forskellige styrker.

Af kendte benzodiazepiner kan nævnes: *Stesolid, Valium, Oxabenz, Lexotan, Tafil, Alopam, Diazepam, Apodorm, Nitrazepam, Flurazepam.*

Lægemiddelstyrelsen oplyser, at der i 2010 var ca. 400.000 personer der fik ordineret benzodiazepiner af deres læge, heraf udgjorde kvinder 65 %. Dette tal ses ikke ændret nævneværdigt i 2020

Indtagelse af benzodiazepin

Benzodiazepiner indtages som tabletter og kun sjældent som indsprøjtning. En særlig gruppe af benzodiazepiner har et fluoratom indbygget i molekylet. Fluor er særdeles godt til at opløse sig i fedt. De fluorerede benzodiazepiner har en høj fedtopløselighed hvilket betyder, at de let og hurtigt trænger gennem blod/hjerne-barrieren og ind i centralnervesystemet (CNS). De er med andre ord hurtigtvirkende og derfor er de gode sovemidler.

Benzodiazepiner virkning og brug

Benzodiazepiner er kendt for deres gode egenskaber som sovemidler. Det er især pillerne med kort halveringstid der bruges til dette formål, de er nemlig stort set ude af kroppen næste dag.

Et andet anvendelsesområde, hvor benzodiazepiner er rigtigt gode, er i behandlingen af angsttilstande. Angstens fysiologi er meget komplekst (indviklet), men man ved at små doser benzodiazepiner dulmer angst, ophidselse og frygt. Det er dog vigtigt at holde sig for øje at ved brug af benzodiazepiner i disse tilfælde, er der "kun" tale om symptombehandling.

Det vil sige at der ved brug af benzodiazepiner "kun" bliver lagt låg på tilstanden, man kan sige at hjernen nedsætter aktiviteten i de områder hvor angst og frygt og nervøsitet udløses, de løser ikke grunden til tilstanden.

Når man stopper med brugen af benzodiazepiner vender angst, frygt eller nervøsitet tilbage igen og kræver anden behandling. I behandlingen af angsttilstande er det derfor vigtigt for et godt og blivende resultat, at patienten tilbydes psykoterapi, dette er dog meget tidskrævende og meget dyrere end symptombehandlingen, hvorfor det ofte ses, at der vælges symptombehandling.

Benzodiazepiner har en god muskelafslappende effekt og bruges derfor ofte i forbindelse med kramper, feberkramper, epilepsi.

Det vigtigt at nævne, at benzodiazepiner har en virkning på belønningssystemet og derved kan skabe en fysisk/psykisk afhængighed hos brugeren. Hvis benzodiazepiner tages gennem længere tid, bør der aftales en nedtrapningsplan enten med udskrivende læge eller et misbrugscenter.

Misbrug af benzodiazepiner

Man kan opdele de personer, der bruger benzodiazepiner i to grupper. Dem der får udskrevet benzodiazepiner af deres læge og dem der anskaffer sig dem på det illegale marked.

Den første gruppe er karakteriseret ved personer med mange forskellige symptomer, nogle lider af stress, indre uro, angst, nervøsitet og rigtigt mange af søvnbesvær.

De problemer der kan opstå i behandlingen med benzodiazepiner, er toleransudvikling samt fysisk og psykisk afhængighed, hvilket danner grundlag for den anden gruppe.

Hos nogle brugere ses der et jævnt stigende dagligt forbrug, der til sidst får karakter af misbrug. Lægen vil forsøge udtrapning af benzodiazepiner og illegal anskaffelse er den eneste mulighed for fortsat at skaffe medicinen.

Da behandlingen med benzodiazepiner er symptomatisk, det vil sige at det kun er symptomerne på angsten, uroen eller søvnløsheden der forsvinder og når man stopper med at tage pillerne vender symptomerne tilbage, hvilket kan gøre, at man forsøger at få fat i de piller, som virkede, på det illegale marked.

Har man udviklet en afhængighed af benzodiazepiner, kan man ved pludseligt ophør oven i de førnævnte symptomer forvente abstinenssymptomer i form af angst, rastløshed, søvnbesvær og i værste fald epileptiske krampeanfald.

Man kan sige, at personen nu er meget værre stillet, end da behandlingen begyndte.

Personer i abstinenstilstand har meget stor tilbøjelighed til at anskaffe sig benzodiazepiner på det illegale marked. Det sker også i hyppigt, at personer som forsøger at dæmpe deres abstinenssymptomer fra benzodiazepiner med alkohol, får et alkoholproblem, fordi benzodiazepiner og alkohol har krydstolerans (se afsnit om krydstolerans).

Det kan måske undre hvorfor sløvende sovemidler som benzodiazepiner, efterspørges på det illegale marked. Forklaringen er, at i nogle situationer giver stofferne en "paradoks" virkning dvs. den modsatte virkning af hvad man skulle forvente.

Det er f.eks. tilfældet med de præparater, der har en hurtig indsættende virkning, altså dem med flouratom, de kaldes i misbrugskredse for (F1-F2). Her kan man opleve et "sus" efterfulgt af en euforisk tilstand med hyperaktiv adfærd, rastløshed og i nogle situationer hallucinationer. Andre kan reagere med aggressivitet og raseri kombineret med voldelig optræden og endelig kan personer blive bragt i en psykisk tilstand hvor de er vågne samtidigt med at de foretager sig underlige ting som ikke er normalt for vedkommende. Dette reaktionsmønster optræder især hvis benzodiazepiner med flouratom kombineres med alkohol.

Megen umotiveret vold, endog vold med døden til følge, er blevet begået af personer der har indtaget denne cocktail af benzodiazepiner med flouratom og alkohol.

Benzodiazepiner efterspørges også på det illegale marked fordi de forstærker virkningen af opioider (f.eks. opium, morfin Kodein) og endelig skal det nævnes at personer med et overforbrug af centralstimulerende midler (amfetamin, kokain og ecstasy) ind i mellem har behov for sovemidler så de kan falde til ro og her er benzodiazepiner ofte det stof der bruges.

Afhængighed af benzodiazepiner

Benzodiazepin er potentielt stærkt afhængighedsskabende stof, der kan udvikle både psykisk og fysisk afhængighed i løbet af få uger eller måneder ved regelmæssig eller gentagen brug.

Der er stor forskel fra person til person på benzodiazepiners effekt, både hvad angår den ønskede vIrkning og bivirkningcrne.

For folk med potentiale for afhængighed kan denne udvikles i løbet af to til fire uger, mens det for andre på tilsvarende dosis kan tage længere tid.

Er en person blevet afhængig af terapeutiske doser af benzodiazepiner har vedkommende som reglen flere af følgende karakteristika:

1. Har taget benzodiazepiner i de ordinerede "terapeutiske" (alm. vis lave doser) i måneder eller år.
2. Det er gradvist blevet nødvendigt at tage benzodiazepiner for at klare almindelige dagligdags aktiviteter.
3. Fortsætter med at tage benzodiazepiner, skønt den oprindelige årsag til ordination er væk.
4. På grund af abstinenssymptomer har vedkommende vanskeligt ved at ophøre med stoffet eller nedsætte dosis.
5. Hvis vedkommende tager korttidsvirkende benzodiazepiner, oplever vedkommende angst mellem doserne og føler en trang til næste dosis.
6. Kontakter lægen regelmæssigt for at få en ny recept.
7. Bliver angst hvis næste recept ikke er let at få.
8. Har altid sine piller på sig og tager ofte en ekstra dosis før en forventet stressende hændelse.
9. Har fået øget dosis siden den oprindelige ordination.
10. Lider af angst, panik, agorafobi (angst for åbne pladser med mange mennesker), søvnløshed og stigende fysiske symptomer, selvom vedkommende tager benzodiazepiner.

Når man skal ned/ud trappes af benzodiazepiner.

Der er to generelle regler for nedtrapning.
Den første regel er, at jo længere der mellem reduktion af dosis, jo mildere bliver abstinenserne.
Den anden regel er, at jo mindre dosis man nedtrapper med, jo mildere bliver abstinenserne.
Disse to ting hænger sammen, F.eks. kan man beslutte at nedtrappe dosis med $^1/_4$ mg hver måned eller nedskære dosis med $^1/_8$ mg hver anden uge.

Uanset hvilken måde man vælger, nedtrapper man med samme hastighed gennem hele forløbet. Det er vigtigt at huske, at en nedtrapning altid er et chok for hjerne og krop.

En "kold tyrker" (umiddelbart ophør med indtagelse af stoffet) er den farligste nedtrapning af alle. Det er en pludselig og fuldstændig fjernelse af afhængighedsstoffet. Chokket efter en "kold tyrker" kan være så kraftigt, at det selv efter en genoptagelse af medicineringen bevirker, at det kan tage fra uger og til måneder, før kroppen/hjernen er stabiliseret igen og i nogle tilfælde bliver man ikke stabiliseret før man har været helt udtrappet gennem en længere periode.

Den logik der kan bruges på størrelsen/ hastigheden af nedskæringerne i benzodiazepiner er, at jo mindre dosis der nedtrappes med, jo mindre chok for både kroppen og hjernen og jo mindre bliver abstinenserne som følge af nedtrapning. Det anbefales, at man ikke nedtrapper med mere end 10 % pr. gang. Desuden anbefales det at lave mindre og mindre nedskæringer efterhånden som man kommer ned i dosis, skønt dette kan være vanskeligt sent i forløbet. Nedskær altid med mindst muligt, det vil sige den mindste dosis størrelse, der kan fås.

Hvis man er på en høj dosis og mener at man kan nedtrappe hurtigt i starten, fordi man er over tolerancepunktet, så kan nedtrapningerne aftales med mindre mellemrum, dog ikke tættere end en nedtrapning hver 3 dag, men skær med så lille dosis som muligt.

Når og hvis man begynder at få abstinenser, kan man øge tidsafstanden mellem nedtrapningerne med max. 4 uger.

Abstinenssymptomer

Psykologiske symptomer:

- *Pirrelighed (uro, hvileløshed)*
- *Søvnløshed, mareridt, andre søvnforstyrrelser*
- *Øget angst, panikanfald*
- *Agorafobi (angst for åbne pladser), Socialfobi.*
- *Sansemæssige forstyrrelser*
- *Uvirkelighedsfølelse Hallucinationer, fejlsansninger*
- *Depression, energiforladthed i varierende grad.*
- *Tvangstanker*
- *Paranoide forestillinger*
- *Vrede, aggression, irritabilitet*
- *Dårlig hukommelse og koncentration*
- *Påtrængende minder*
- *Begær, stærk lyst (dog sjældent)*

Fysiske symptomer:

- *Hovedpine*
- *Smerter/stivhed (lemmer, ryg, nakke, tænder, kæbe)*
- *Prikken og brænden, følesløshed*
- *Svaghed (gele ben)*
- *Udmattelse, influenzalignende symptomer*
- *Muskeluro, spjæt, tics, skælven "elektriske stød"*
- *Svimmelhed, dårlig balance*
- *Tåge syn/dobbeltsyn, ømme, tørre øjne*
- *Tinnitus*
- *Overfølsomhed (lys, lud, berøring, smag, lugt)*
- *Mave-tarm symptomer (kvalme, opkast, diarre, forstoppelse, smerter, vanskeligheder med at synke)*
- *Appetit/vægtændringer*
- *Tør mund, metalsmag, sære lugte*
- *Rødmen/sveden/hjertebanken*
- *Vejrtrækningsbesvær*
- *Vandladningsbesvær, menstruationsbesvær*
- *Udslæt, kløen*
- *Kramper (dog sjældne set)*

Paradoksreaktion (modsat af, hvad man forventer)

Manglen på den tilvænnede benzodiazepin i organismen resultere i, at næsten alle mekanismer i nervesystemet bliver overgearede, og indtil systemet har tilpasset sig den nye stoffri tilstand, befinder hjernen og nervesystemet sig således i en nervøs tilstand og er ekstremt sårbar over for stress.

De reaktioner, der opstår på grund af manglen på benzodiazepiner, viser sig ofte hvor man er mest sårbar, f.eks. hvis man har tilbøjelighed til hovedpine så forværres denne efter nedtrapningen. Reaktioner har også i almindelighed en tilbøjelighed til at vise sig som det modsatte af medicinens oprindelige formål (paradoksvirkningen). En tidligere drømmeløs søvn erstattes af søvnløshed eller mareridt, muskelafslappelse erstattes af øget spænding og kramper og den beroligende virkning erstattes af angst og panik.

Forgiftning med benzodiazepiner

Ved forgiftning med benzodiazepiner bliver man bevidstløs, for de fleste piller gælder det at bevidstløshed indtræder hvis man indtager 10 gange daglig dosis.

Denne tilstand er kortvarig og giver næsten aldrig anledning til alvorlige komplikationer. Dette skyldes, at blodtrykket ikke påvirkes af benzodiazepiner og at åndedrættet kun nedsættes svagt. I situationer hvor personer dør af en overdosis, kan dette skyldes krydsreaktion, synergisme, eller at personen er fysisk svækket.

Krydsafhængighed

Krydsafhængighed betyder, at afhængighed af et rusmiddel samtidigt giver afhængighed af et andet rusmiddel selv om man aldrig har indtaget det andet stof. Det der er bestemmende for, hvordan et rusmiddel virker, er hvilken type modtager (receptor) stoffet aktiverer i hjernen. I nogle tilfælde kan modtageren (receptoren) have flere forskellige bindingssteder, der passer til forskellige rusmidler, dette er f.eks. tilfældet med alkohol, benzodiazepiner og GHB. Disse stoffer er forskellige, men giver identiske virkninger så som sløvhed og angstdæmpning.

Krydstolerans

Krydstolerans betyder, at tolerans ikke blot er udviklet over for virkningen af et rusmiddel, men også over for et andet selv om man aldrig har indtaget det andet stof. Fænomenet er almindelig kendt blandt narkomaner. Her gælder det nemlig, at hvis man kan tåle store doser heroin, så kan man også tåle store doser af metadon.

Synergisme

Ved synergisme forstås at to stoffer har samme virkning, men forskellige angrebspunkter i hjernen, F.eks. har heroin en åndedrætsdæmpende effekt, idet stoffet sløver aktiviteten i åndedrætscentret. Benzodiazepiner har ligeledes en let sløvende virkning på åndedrættet ved aktivering af $GABA_a$ receptorerne. Ved indtagelse af begge stoffer samtidigt øges risikoen for åndedrætsstop.

En af årsagen til dødsfald blandt heroinmisbrugere er, at de blander heroin og benzodiazepiner.

Fest stoffer

Den meget misvisende titel bruges ofte omkring stoffer, der ofte ses i festmiljøerne og skal derfor ikke misforstås, de følgende stoffer er bestemt ikke ufarlige.

Hvad er designerdrugs

Designerdrugs er fællesbetegnelsen for en lang række af illegale rusmidler der er syntetisk fremstillet. Det mest ubehagelige ved designerdrugs er, at de er fremstillet illegalt i primitive laboratorier uden nogen form for kvalitetskontrol. Man aner derfor ikke, hvad man indtager og hvor rent det pågældende stof er, hvilket gør det svært at dosere og man har derved lettere ved at tage en overdosis

GHB – fantasy:

GHB er et af de mange forholdsvis nyere stoffer på den danske stofscene og det illegale marked, stoffets kemiske betegnelse er *gamma-hydroxy-butyrat,* men er bedre kendt som under betegnelsen fantasy.
GHB-fantasy er et såkaldt designerdrugs hvilket betyder, at det er 100% fremstillet i et laboratorium.

Stoffets historie

GBL er et organisk opløsningsmiddel, der nedbrydes til GHB. GHB blev syntetiseret i 1960'ere af Dr. Henri Laborit, der anvendte det til at studere neurotransmitteren GABA (et signalstof i centralnervesystemet). Man fandt siden ud af, at det havde flere medicinske anvendelses-muligheder.

I en kort periode blev stoffet brugt som bedøvelsesmiddel, men det blev aldrig nogen succes pga. nogle alvorlige bivirkninger i form af kramper og opkast. Begge bivirkninger er særdeles uhensigtsmæssige i forbindelse med bedøvelse. Specielt opkast kan være meget farligt fordi hoste refleksen er lammet og dermed kan der løbe mavesyre ned i lungerne og medføre en alvorlig kemisk lungebetændelse, som er næsten umulig at behandle. Dette er samtidigt en af grundene til at man skal faste før en bedøvelse.

Det bliver stadig brugt til behandling af søvnforstyrrelsen narkolepsi.

GHB/fantasy bruges både som et lægemiddel og som rusmiddel. I misbrugskredse er det kendt som fantasy eller flydende E.

GHB-Fantasy binder sig til de samme receptorer som f.eks. benzodiazepiner og alkohol, hvilket øger risikoen for forgiftning ved et samtidigt brug af disse rusmidler.

Der er krydstolerans mellem alkohol og GHB og man har i en periode, brugt GHB til afrusning af alkoholikere, dette gik lægerne dog bort fra da man opdagede at GHB var mere afhængigheds-skabende en alkohol.

GHB og misbrug

GHB – fantasy sælges som en klar væske med en let salt smag.

Stoffet udøver sin virkning på centralnervesystemet gennem receptor systemet og stoffet har en hæmmende funktion på mange områder af hjernen.

Resultatet er en rus, hvor brugerne fortæller, at de oplever en vis frigørelse, den indre usikkerhed mindskes og dømmekraften bliver markant dårligere.

Den samlede tilstand beskrives af brugerne som en oplevelse af afslappethed, lykke og sensualitet gennem nedsat angst og følelsesmæssige hæmninger.

Tilstanden minder på mange måder om en let alkoholrus blot uden de eftervirkninger som alkohol har.

Risiko ved misbrug

At bruge GHB – fantasy som rusmiddel er forbundet med en betydelig risiko fordi stoffet er et bedøvelsesmiddel. En overdosis fører til bevidstløshed, lavt blodtryk, opkastning og åndedrætsproblemer.

GHB – fantasy rusen er svær at regulere, fordi afstanden mellem en rus og en forgiftning er meget lille, det betyder, at man meget let kommer til at indtage en overdosis og dermed miste bevidstheden. En person, der har indtaget GHB bliver forvirret og omtåget og meget søvnig. Vedkommende kan også blive vred, ophidset, svimmel, have svært ved at holde balancen og have ufrivillige rytmiske bevægelser særligt i arme og ben.

Hætter – GHB-familien

GBL (Gamma butyrolactone) er et organisk opløsningsmiddel, der nedbrydes til GHB, og det indtages ved at drikke stoffet opløst i væske.

GBL er egentlig et stof, der findes i midler, der bruges til at fjerne maling med eller i bilplejeprodukter f.eks. fælg rens til biler.

Stoffet indtages fra hætten af de små flasker, deraf navnet.

Det kendes under navne som "hætter", "Flydende E" eller "koma på flaske".

Hætter giver hukommelsestab for de ting, som du udsættes for under stoffernes indflydelse og bruges derfor ofte som "rape drug" i nattelivet.

En hætte svarer til 1g/5ml, den euforiske virkning forsvinder totalt efter ca. 20 ganges brug og vender aldrig tilbage.

I Danmark er GLB produkter tilsat ætsende stoffer, hvilket gør dem meget farlige at indtage. Brugere af GBL køber ofte produkter fra udlandet, hvor det forhandles uden tilsætningsstoffer.

Poppers (amylnitrit)

Stoffet var i 1970´erne og 1980´erne populært som elskovsmiddel, men har i dag en meget begrænset udbredelse blandt misbrugere.

Amylnitrit anvendes i industrien, men så vidt vides anvendes det ikke i Danmark.
Ca. 1 procent af de 16 – 20-årige har prøvet stoffet.

Det er forbudt at anvende poppers i Danmark. De sælges på det illegale marked i glasampuller,
der knækkes, hvorefter indholdet indåndes. Poppers er en klar, svagt gullig og hurtigt
fordampende væske, som lugter af mandler eller rådne æbler.

Poppers Fysiologiske virkning

Poppers udvider blodkarrene, og det blev tidligere anvendt som receptpligtigt hjertemedicin i
behandling af hjertekrampe (angina pectoris), men blev for mange år siden erstattet af
nitroglycerin.

Misbrug

Virkningen beskrives af brugere, som hæmningsløsnende, seksuelt stimulerende, afslappende
med en kort intensiv euforisk rus evt. med hallucinationer. Rusvirkningen er kortvarig (2 - 3 min).

De negative konsekvenser ved brug er hovedpine, hurtig hjerteaktion, besvimelse, blodtryksfald,
forbigående halvsides lammelser, akut psykose, forhøjet tryk i øjet, påvirkning af de røde
blodlegemer, ætsning og kan føre til dødsfald.

Ecstasy- MDMA:

Endnu et af de stoffer der er dukket op på den danske stofscene kaldes Ecstasy eller "the Loving
drug". Ecstasy er et designerdrugs, hvilket betyder at, det er 100 % kemisk fremstillet i et
laboratorium.

Ecstasy er i familie med amfetamin og bliver især brugt i teknomiljøet.

Det er stoffets centralstimulerende virkning der udnyttes, så man kan holde sig vågen og f.eks.
kan danse hele natten.

Moden er opstået i England ved de såkaldte "Raves", der er vilde fester hvor unge mennesker
danser i simpelt indrettede lokaler.

Ecstasy klassificeres i megen litteratur som et hallucinogen altså et stof, der fremkalder stærke
uvirkelige oplevelser. Dette er dog kun delvist korrekt, idet stoffet i lighed med amfetamin først
fremkalder disse symptomer ved forgiftning.

Ecstasys historie

Ecstasy – MDMA blev patenteret i 1914, det var nogle år forinden blevet fremstillet på en tysk
kemifabrik, der arbejdede på at udvikle et stof, der i lighed med amfetamin, kunne give
mennesker en mæthedsfornemmelse.

Ecstasy – MDMA blev dog aldrig nogen succes hverken militært eller kommercielt.

Omkring 1970 blev MDMA genopdaget af en gruppe amerikanske psykiatere.
De gav stoffet til deres patienter i forbindelse med psykoterapeutiske samtaler.

Stoffet ændrede patienternes mentale tilstand, så de blev mere følsomme, åbne og snaksaglige. Dette gav anledning til megen presseomtale, som førte til at stoffet blev kendt i vide kredse.

Psykiaterne roste MDMA for dets egenskaber og der var mange mennesker, der gerne ville prøve denne behandling som genvej til at få løst deres følelsesmæssige problemer.

Efter at have brugt MDMA i nogle år lærte man efterhånden stoffets bivirkninger at kende og man blev klar over, at det ikke virkede i behandlingen af psykiske problemer og de amerikanske sundhedsmyndigheder forbød stoffet i 1985.

Fakta om ecstasy

Ecstasy / MDMA sælges som et hvidt pulver der almindeligvis indtages som tabletter eller kapsler. Den gennemsnitlige dosis pr. rus ligger på ca. 120 mg som i de fleste tilfælde indtages ved at spise tabletter eller kapslerne. Mere belastede misbrugere kan finde på at injicere(indsprøjte) tabletterne, efter at de er blevet opløst i vand. Det skal stærkt frarådes i enhver sammenhæng at bruge sprøjter og kanyler, da risikoen for infektion og vævsskader er meget stor

Ecstasy optages hurtigt og fuldstændigt i mave-tarm-kanalen hvorfra det let passere blod-hjerne barrieren. Halveringstiden i den menneskelige organisme er ikke kendt, men en rus varer fra 4 til 6 timer. Man opnår ikke større effekt af stoffet ved indtagelse af større doser, men derimod en let toleranceudvikling.

Ecstasy – MDMA' s virkninger.

Ecstasy – MDMA giver ligesom amfetamin eufori, et velbefindende med stor talelyst, derudover ses et øget psykomotorisk tempo, (Rastløshed, uro, hyperaktivitet uden formål).

Man bliver mere vågen og aktiv ligesom mange beskriver, at de bliver mere kærlige i deres adfærd, denne kærlige adfærd kommer til udtryk gennem en større lyst til at røre hinanden, danse og være mere imødekommende overfor andre, deraf tilnavnet "the Loving drug".
Det er således sensualiteten der stiger, potensen og lysten til sex stiger eller forbliver uforandret.

Der indtræder en øget følsomhed over for lysindtryk, hvilket giver en mere intens oplevelse af musikken, man kommer i en tilstand af ekstase, på engelsk Ecstasy.

Serotonin har stor betydning for vores humør, døgnrytme, søvn og sexlyst og et fald i serotonin kan føre til en alvorlig depression.

Det skræmmende ved ecstasy er, at der ved dyreforsøg er påvist, at der ved flere ganges brug sker et fald i produktionen af Serotonin og en blivende ændring i hjernens Serotonin producerende neuroner, dette fører til en kronisk depressiv tilstand.

Ecstasy og misbrug

Den mest alvorlige bivirkning ved ecstasy er den dødeligt fortløbende hypertermi (temperaturstigning), uvist af hvilken grund holder kroppens temperaturregulering op med at virke, man har målt temperaturer helt op til 43 grader celsius, hvilket betyder at blodet koagulerer (klumper) inde i blodbanen og når klumper af størknet blod er for store til at passere gennem blodbanen opstår der blodpropper.

De organer der har mest blodgennemstrømning er mest udsat. Det vil sige hjerne, nyrer, hjerte og lunger. Uden akut lægehjælp vil døden indtræde efter ca. 1 døgn.

Det er uklart, hvor stor risikoen for afhængighed af ecstasy er. En ubehagelige kendsgerning er, at man trods flere undersøgelser ikke kender hverken korttidseffekten eller langtidseffekten af et forbrug, men enkelte undersøgelser tyder på at den depressive tilstand der ses efter et ecstasymisbrug ikke fortager sig med tiden.

Lattergas (kvælstofforilte, dinitrogenoxid, N2O).
Lattergas er, blandt de unge, et af de mest udbredte og brugte stoffer næstefter hash.
Lattergas tilsat ilt bruges af tandlæger / læger i bedøvelses øjemed.

I en undersøgelse foretaget af Sundhedsstyrelsen, svarede 12 % af de unge mellem 15-25 år, at de havde prøvet at indtage lattergas i forbindelse med fest. De unge indtager lattergas direkte fra gaspatronen eller fra en ballon fyldt med lattergas.

Lattergas er produceret til industriel brug og kendes nok bedst fra flødeskums ciffoner.

Den lattergas, der er tiltænkt industrielle formål er ikke iblandet ilt og inhalering af gassen vil derfor have alvorlige konsekvenser.

Da gaspatronerne ikke er blandet ilt vil der, ved inhalation, opstå iltmangel fordi gassen fortrænger ilten i indåndingsluften. I yderste konsekvens, ved vedvarende inhalation, kan ren lattergas medføre dødsfald fordi mangel på ilt vil betyde, at man bliver kvalt indefra.

Ved blandingsmisbrug af sløvende rusmidler f.eks. benzodiazepiner og opioider øges risikoen for dødsfald væsentligt, da de sløvende rusmidler påvirker hjernens evne til at reagere på iltmangel.

Misbrug af lattergas kan desuden give skader på hjerne og nervesystem, som for eksempel føleforstyrrelser, koordination- og balanceproblemer og nerveskader.

Når nogle oplever neurologiske symptomer efter indtagelse af lattergas skyldes det, at lattergas destruerer kroppens B12-vitamin. Det er et vitamin, som kroppen ikke selv kan skabe, men som man får gennem maden.

"Rusen"
Rusen er kortvarig og varer cirka 30 sekunder. Lattergas giver en rus, der kan minde om at blive beruset af alkohol.

Det virker hæmmende på centralnervesystemet, så man bliver svimmel, får usikre bevægelser, bliver opstemt og vrøvlende. Man oplever en euforisk og hallucinerende rus, opstemthed, grineflip og øget bevidsthedsopfattelse. Dette medfører ofte, at man gentager indtaget for at forlænge rusen. Lattergas virker ved at fortrænge iltindholdet i blodet.

Afhængighed
Det diskuteres en del, i hvilken grad man kan tale om afhængighed af lattergas. Overordnet set er det sådan, at de fleste kun bruger gassen kortvarigt og lejlighedsvist, og der udvikler sig ikke nogen nævneværdig fysisk eller psykisk afhængighed.

Andre organiske opløsningsmidler og drivgasser

Snifning er indånding af let fordampelige, organiske opløsningsmidler med det formål at opleve en rus effekt, det er ofte almindelige produkter som fx. benzin eller fortynder der bruges, men det kan også være lim, spraydåser med lightergas, hårlak, eller lignende produkter.

Der er tale om stoffer, der ikke er beregnet som rusmidler og som er farlige at inhalere.

Virkning

Virkningen er forskellig fra menneske til menneske. Nogle brugere fortæller, at når de sniffer stofferne, føler de at blive høje og det er virker euforiserende, de har det sjovt, de har følelsen af at være hurtige, andre fortæller at det er som at være beruset, usikker i bevægeapparatet og vrøvlende. Rusen er forholdsvis kort, fra få minutter op til 25 min. rusen forlænges ved vedvarende snifning.

Negative konsekvenser

Snifning af organiske opløsningsmidler er farligt på både kort og langt sigt. Den akutte risiko er ulykker som følge af nedsat funktionsniveau og risiko for dødsfald ved overdosis. Selv ved kortvarigt brug er der stor risiko for alvorlige helbredsskader: hukommelses- og koncentrations-besvær, hjerneskader, skader på nyrer, lever og knoglemarv.

Abstinenser

Efter rusen: træthed, hovedpine og sløvhed.

Hallucinogener

Bevidsthedsudvidende (psykedeliske) stoffer, er en særlig type rusmidler, der kan fremkalde hallucinationer og andre abnorme sanseindtryk.

LSD (Lyserg-Syre-Diethylamid)

LSD blev opfundet ved et tilfælde af Albert Hofmann. Albert Hoffman forlod d.16 april 1943 sin arbejdsplads tidligere end han plejede. I nogle timer havde han følt sig utilpas, lettere svimmel og mærkelig opstemt. Han havde gennem længere tid arbejdet med en særlig type mug, kaldet rustsvamp, som indeholder et stof, der er i stand til at stoppe blødninger fra livmoderen efter en fødsel.

Det aktive stof lyserg syre som Albert Hofmann arbejdede med i sit kemiske laboratorium havde han omdannet til forskellige kemiske forbindelser. Denne fredag havde han omdannet en meget lille mængde af et stof, som senere viste sig at være Lyserg-Syre-Diethylamid (LSD).

Da han kom hjem lagde han sig på sengen og nu begyndte der for alvor at ske noget i hans hoved. Rummet skiftede karakter og for hans øjne opstod der kalejdoskopiske farver, der hele tiden ændrede sig.

På trods af hallucinationerne formåede han drage den rigtige konklusion om sin tilstand: den forgiftningstilstand han befandt sig i, måtte skyldes det stof, som han havde fremstillet tidligere på dagen.

Næste dag havde han det godt igen, så da han mødte på arbejde om mandagen, opløste han 0.25 mg af stoffet i et glas vand og drak det, han blev meget syg af hallucinationer og først et par døgn senere blev han sig selv igen.

I dag ved man, at kun en tiendedel af den dosis Hofmann indtog – nemlig 0,025 mg er tilstrækkeligt til en rus eller et "trip" som det kaldet på slang.

Hofmann havde ved et tilfælde fundet det mest potente hallucinogen, der nogen sinde er fremstillet.

LSD's egenskaber

LSD er meget potent stof, der skal således kun meget små mængder af stoffet til for at fremkalde en rus. En normal dosis ligger i størrelsesordenen 0,025 mg til 0,25 mg. Så små mængder er meget svære at afveje og meget svære at håndtere, derfor sælges LSD typisk på et stykke trækpapir. Man laver en opløsning af LSD i vand og hælder det ud over et stykke trækpapir som derefter tørres. Man indtager stoffet ved at slikke på trækpapiret.

LSD fordeles let i hele kroppen og virkningen indtræder efter ca. 60 min. Den maksimale effekt indtræder efter ca. 3 timer og rusen varer typisk i 6 – 8 timer.

LSD's fysiologiske virkning

Personer der indtager LSD, vil opleve en let stigning i kropstemperaturen, øget hjerte frekvens, stigende blodtryk, svimmelhed og udspilede pupiller.

Psykisk set giver små doser af LSD-eufori, hvorimod de psykiske virkninger ved store doser er væsentligt mere dramatiske. Her oplever man hallucinationer, hvori der indgår et utal af farver, lydindtryk forstærkes og man bliver i tvivl om hvem man selv er. Man oplever en "Ud af kroppen-oplevelser" hvor man står i rummet og kigger på sig selv, er ikke ualmindelige. Humøret svinger mellem depression, angst og opstemthed.

Efter rusen oplever man en udmattelse, der langsomt aftager over et par dage. Den mest alvorlige bivirkning, der ses efter flere ganges brug, er en ændring af personens psykiske tilstand. Folk der har prøvet LSD fortæller, at der ikke sjældent optræder "flashback" fænomener (gengivelse af tidligere traumatiske oplevelser) selv mange år efter brugen. Det kan f.eks. være en genoplevelse af de hallucinationer som personen havde under rusen.

LSD-misbrug

LSD har kunnet købes illegalt i Danmark i mange år. Efter et misbrug af LSD gennem nogle måneder vil de flest ophøre med indtagelsen pga. fysisk udmattelse, psykiske problemer eller fordi de simpelt hen ikke bryder sig om rusen.

Psilocybin

Psilocybin er det aktive stof i en stor familie af svampe der kaldes nøgenhat. De vokser over hele jorden i områder med tempereret klima.

Inden for svampefamilien kendes der mindst 30 forskellige arter, som alle har et varierende indhold af Psilocybin. Ligeledes er mængden af Psilocybin afhængig af vækstbetingelserne.

Svampene indtages ved spisning og smager ikke godt.

Da indholdet af Psilocybin variere meget, er det forskelligt hvor mange svampe, der skal indtages for at blive ruspåvirket. Rusen er meget svær at styre fordi, der kan gå op til en time, før den fulde virkning er opnået.

Psilocybin rusen indledes ikke sjældent med et ildebefindende, hvor man har mavesmerter og opkastning. Denne reaktion antages at være kroppens afværgemekanisme. Denne reaktion kendes også i andre sammenhænge.

Psilocybin fysiologisk virkning

Rusens fysiologiske virkning omfatter tørhed i munden, pupillerne udvider sig og man ser ofte ufrivillig gaben. Motorisk bliver man rastløs med dårlig kontrol af de viljestyrede muskel-bevægelser i arme og ben.

Psilocybin psykisk virkning

Psykisk indtræder der en tilstand præget af drømmeagtige oplevelser, hvor lyd og lys skifter karakter. Tiden går i stå og rumoplevelsen ændres, idet tingene omkring en kan opleves som om de skifter størrelse og form. Lyde bliver forvrænget, og farver kan blive voldsommere.

Man mister dømmekræften og oplever, at man kan foretage overnaturlige handlinger. Troen på at kunne flyve, stoppe biler og andre supermandsfantasier har haft alvorlige konsekvenser. Der ses en øget risiko for selvmord.

Psilocybin misbrug

De ændringer der fysisk og psykisk indtræder under rusen, bliver af nogle opfattet som behagelige og af andre som skræmmende og angstprovokerende.

Efter rusen føler man sig udmattet og man kan i nogle situationer ikke huske hvad man har foretaget sig. Misbrug af Psilocybin er begrænset til den periode af ungdommen, hvor det forbudte og farlige skal prøves af. Egentlige misbrugere af Psilocybin ses ikke, fordi rusen for det første er meget svær at styre og for det andet ikke er særlig behagelig. De fleste prøver stoffet en eller to gange og holder derefter op.

Phencyclidin – PCP

PCP også kaldet »englestøv« er så vidt vides, aldrig blevet beslaglagt af politiet i Danmark, derimod har stoffet været meget populært i USA.

PCP opfattes som et hallucinogen, selv om rusen ikke er specielt præget af disse symptomer. Derimod giver rusen en lang række andre psykotiske symptomer.

Man føler sig forfulgt, bliver bange, kan være i tvivl om, hvem man selv er, mister dømmekraften og kan blive voldelig eller selvmordstruet. Tilstanden minder meget om den alvorlige psykiske sygdom skizofreni. Brugen af PCP har givet anledning til en betydelig forskning i håb om at få en bedre forståelse af skizofreni og dens årsager.

Stoffet kan ryges eller spises i form af piller. Den almindeligste form for indtagelse blandt regelmæssige brugere er at drysse PCP på persille eller på marihuana og herefter ryge det. (persille var længe før 1960 kendt som en fattig mands erstatning af cannabis)

Virkningen af PCP indtræder som regel fra 5 - 15 minutter efter, at man har røget PCP. Virkningen varer fra 2 - 6 timer. I denne periode er det vanskeligt for personen at tale og at gå. Ligesom personen virker forvirret og mangler evnen til at udvise opmærksomhed. Det virker også som om alting foregår langsommere for en person på PCP.

Overdosis medfører som regel en psykotisk adfærd, præget af hallucinationer, vrangforestillinger og uro tilstande. Overdosis fører ofte til hospitalsindlæggelse, som regel bliver de fleste udskrevet den næste dag, men næsten alle er præget af hukommelsestab.

Der er konstateret en række alvorlige ulykker i forbindelse med indtagelse af PCP.

De fleste ulykker skyldes, at folk forsøger at foretage normale aktiviteter, såsom at køre bil, svømme og lignende, når deres motoriske og sansemæssige funktioner er hæmmede.

Der ses et stort antal af voldstilfælde blandt PCP-brugere.

Vold synes at ske oftere blandt PCP-brugere end blandt andre stofbrugere.

PCP-brugere er ofte ikke selv sikre på, hvad der sker, mens de er på PCP og denne adskillelse fra virkeligheden skaber mistænksomhed og mangel på tillid.

Meskalin (3,4,5-trimethoxyphenethylamin)
Udvindes ofte fra den Mexicanske kaktus Peyote
Meskalin er en hallucinogen og det aktive stof findes i forskellige kaktusarter, hvoraf den mest kendte er Peyote (*Lophophora williamsii*).

Historie

Mens man tidligere troede, at meskalin kun fandtes i kaktusarter, har man fundet det i et træ (*Acacia berlandieri*), som vokser i det sydlig USA og nordlige Mexico - træet indeholder udover meskalin bl.a. også amfetamin, methamfetamin, DMT (Dimethyltryptamine) og nikotin.

Doseringen for meskalin ligger mellem 150-500 mg rent meskalin (afhængigt af hvilket salt man benytter), og har en rusvarighed på 10-12 timer.

Det er et af de simpleste hallucinogene phenethylaminer, men er dyb og kompleks i sin virkning.

Meskalinkaktus har været brugt i tusinder af år af indianere i USA og bruges stadig i religiøse kontekster og i specielle kirke samfund i USA. På grund af sin simple kemiske struktur og lange historie, er meskalin sammen med LSD en "hallucinogen standard", som man sammenligner alle andre hallucinogener med, både hvad angår dosis og virkning.

Ketamin

Ketamin (nogle gange omtalt som ketalar) er et bedøvelsesmiddel, som primært bruges ved operation af dyr. Det virker også bedøvende på mennesker, men bruges kun i sjældne tilfælde pga. dets kraftige psykedeliske "bivirkninger."

For ketamin - altså ved rekreationelt brug - er den psykedeliske effekt til gengæld den ønskede virkning, mens bedøvelseseffekten her nærmere kan betragtes som en bivirkning.

Ketamin bliver nogle gange omtalt som "verdens mærkeligste stof," eftersom dets psykedeliske virkning er meget unik. Som rekreationelt stof fås det oftest i pulverform til insuflering (snifning) eller oral (mundtlig) indtagelse, men kan også opløses og bruges intramuskulært (sprøjtet direkte i en muskel via kanyle). Varigheden af rusen afhænger af dosis og af hvordan man indtager stoffet.
Hvis man spiser ketamin, varer rusen omkring i 1-2 timer.
Hvis man sniffer eller ryger ketamin, varer rusen omkring 45-60 minutter.
Hvis man indsprøjter stoffet ind i musklen, varer rusen omkring 30-45 minutter.

Historie.

Ketamin blev opfundet i 1962 af farmaceuten Calvin Stevens. I 1965 opdagede man, at det kunne bruges som bedøvelsesmiddel. Man opdagede hurtigt, at ketamin havde en helt særlig hallucinerende effekt og man begyndte at eksperimentere med stoffet til brug ved smertelindring. Det bruges faktisk stadigvæk til at lindre stærke smerter som for eksempel ved alvorlige brandsår.

Ketamin blev også, i stor stil, brugt til smertelindring under Vietnam krigen, hvor man også gav de amerikanske soldater amfetamin i store mængder for at gøre dem til bedre krigsmaskiner – det var ikke så lidt, de stakkels soldater blev udsat for.

Ved langtidsmisbrug

Længere tids brug af ketamin kan udløse skizofreni, og ved en stor dosis-indtagelse kan man allerede efter få gange opleve det fænomen, der beskrives som "The K-Hole", som er en tilstand hvor man kan opleve, at man forlader sin egen krop og får en slags ud af kroppen-oplevelse, som kan opleves på forskellige måder nogle brugere fortæller, at man blandt andet kan "glemme", at man er menneske, at man har en krop, og man kan få en følelse af vægtløshed. Nogle bruger også denne tilstand til at udkæmpe en "kontrol kamp" forstået på den måde, at de kæmper med at bevare kontrollen over situationen de blander ketamin med andre stoffer ofte amfetamin men det farlige ved dette er, at hvis de taber kontrollen kan det have en dødelig udgang. Mange oplever, at de bliver "frosset" fast i denne tilstand og betragter verden gennem et lille hul – heraf navnet på fænomenet "key hole".

Mange oplever også kvalme eller opkast, hvilket kan være farligt, eftersom kroppen og ref'lekserne er bedøvet. Mange har oplevet, at ketamin desværre også har den sideeffekt, at efter ca. ½ års forbrug skrumper urinblæren, hvilket gør, at man skal tisse hver 10'ende minut og har store smerter mellem vandladningen.

Ketamin har, i nyere forskning, vist sig at være det mest effektive middel man kender til, i kampen mod svære depressioner.

Afhængighedspotentiale

Ketamin er ikke fysisk afhængighedsskabende, men er kendt for at have større psykisk afhængighedspotentiale end de fleste andre psykedelika.

Kilde liste

Der er fakta chekket og brugt materiale fra følgende kilder:

Rusmidlernes biologi, udgivet at sundhedsstyrelsen 2004

Sundhedsstyrelsen www.sst.dk

Alt om stoffer.dk

Retsmedicinsk institut, rets kemi

Det europæiske overvågningscenter for narkotika og narkotikamisbrug
emcdda.europa.eu

National Institute on drug abuse

www.nida.nih.gov

Forlag: BoD · Books on Demand GmbH, In de Tarpen 42, 22848 Norderstedt,
Tyskland
Tryk: Libri Plureos GmbH, Friedensallee 273, 22763 Hamborg, Tyskland
ISBN: 978-87-4305-921-9